테린이를 위한
알기쉬운 테니스

이성근 지음
하희라 감수

도서출판
페이지원

안녕하십니까? 이성근입니다.
테니스를 사랑하시는 여러분과 『테린이를 위한 알기쉬운 테니스』라는 책으로 만나게 되어 무한한 영광입니다.

저는 지금까지 24권의 책을 출간했습니다. '장편한외과의원'을 개원하고 나서 책 출간을 시작하게 되었는데, 많은 분들에게 저의 전공 분야를 알기 쉽게 알려드리고 싶었고, 제가 좋아하는 영역을 알려드리고 싶었습니다. 그렇게 많은 책들을 출간하면서 어느 날 문득 제가 좋아하는 '테니스'라는 취미 생활을 조금 더 알기 쉽게 테니스 입문자 분에게 소개하고 싶다는 소망이 생겼습니다.

돌이켜보면 저의 아들들이 테니스에 입문한 것이 큰 계기였습니다. 아들들에게 조금 더 쉽게 테니스를 알려주고 싶은 욕구가 컸던 것입니다. 그 생각이 조금 더 발전해서 테니스를 시작하는 분들에게 테니스의 비법을 조금이나마 쉽게 알려드리고 싶은 생각이 들었습니다.
하지만 저는 아직 테니스 실력이 뛰어나지는 않아서 오랫동안 제게 테니스를 가르쳐 주시는 코치님께 부탁을 했습니다. 다행히 제 제안을 받아들인 코치님께서 기본적인 테니스 지식을 알려주셨고, 동영상도 함께 촬영해서 이 책을 함께 집필하게 되었습니다.

저는 다양한 운동을 좋아합니다. 골프도 꽤나 잘 치고, 탁구와 볼링과 농구 등 기구 종목은 대부분 즐겁게 하는 편입니다. 모든 운동이 그러하듯 실력이 뒷받침되면 더 재밌겠지만, 좋아하는 사람과 함께 그 운동을 할 수 있다는 것만으로도 큰 행복이라고 저는 생각합니다.
테니스 또한 저에게는 그러합니다. 아직 테니스 고수라고 할 만한 실력은 아니지만, 가족과 지인과 함께 운동하는 것 자체가 너무 행복합니다.

사실 이 책을 집필하기 전에 큰 고민이 있었습니다. 제가 테니스 고수가 아니기 때문에 책을 출간해도 되는가를 깊게 고민했습니다. 하지만 저는 테니스에 관한 여러 권의 책을 읽으면서 초보자 입장에서 테니스를 바라보는 책도 있으면 좋겠다고 생각했습니다.
제가 테니스에 입문했을 때 테니스 관련 책을 15권정도 사서 의과대학 공부하는 것처럼 열심히 공부해서 내용 정리를 했었습니다. 그런데 기존에 나와 있는 테니스 책들은 너무 어려웠습니다. 물론 세상에 쉬운 공부는 없지만, 기존에 있는 테니스 책들이 전문가 수준이어서 초보자가 이해하기 어려울 정도로 복잡하게 저술되어 있다는 사실에 매우 놀랐습니다.

그래서 저는 15권 책을 읽고 정리한 내용과 5년 동안 테니스 레슨을 꾸준히 받으며 코치님께 배운 여러 가지 팁들을 이 책에 실었습니다. 테니스를 이제 막 시작하는 분에게는 이 책도 다소 어렵다고 느껴질 수도 있지만, 그래도 최대한 쉽게 풀어내려고 노력했습니다. 저는 이 책이 테니스를 시작하고자 하는 분들에게 조금이라도 도움이 되었으면 하는 바람입니다.

테니스를 포함한 모든 운동이 다 그러하듯 글만으로 설명한다는 것에는 한계가 있습니다. 그래서 저는 야심차게 테니스 관련 영상을 제작해서 QR 코드로 추가하였습니다. 유튜브를 보면 테니스와 관련된 영상은 아주 많지만, 저희가 제작한 영상도 여러분에게 도움이 되었으면 하는 바람입니다.

저에게 테니스와 관련된 책 출간은 이번이 처음이지만, 어쩐지 계속해서 책을 출간할 것 같습니다. 테니스를 좋아하는 여러분에게 조금이나마 도움을 드리고 싶은 마음이 있고, 제가 좋아하는 사람과 함께 테니스를 즐기는 과정이 매우 행복하기에 그 좋은 추억들을 여러분에게 공유하고 싶은 마음이 있기 때문입니다. 또 기회가 된다면 여러분에게 또 다른 테니스 책으로 인사를 드리겠습니다.

부디 많은 분들께서 테니스의 즐거움과 행복을 느낄 수 있기를 바랍니다.

항상 건강하시고 행복하세요. 감사합니다.

2024년 5월을 시작하며
테니스를 가족들과 즐기며 행복해하는 이성근 드림

추천사 ❶

늘 사람들을 배려하는 그리고 어떤 것에 꽂히면 끝까지 파고드는 저자의 성향이 그대로 반영되어 있는 책

이우테니스 창립멤버 김동석

2022년 8월쯤의 일입니다. 이 책의 저자인 이성근 원장님이 "카톡방 대문에 테니스 사진이 있던데 혹시 테니스 치시나요?"라고 말을 걸어왔습니다. 전 그때는 인사차 의례적으로 건넨 말인 줄 알았습니다. 그런데 얼마 지나지 않아 단체 카톡방이 만들어졌고, 테니스 코트를 예약했다는 연락이 왔습니다. 그렇게 얼결에 네 가족이 모였고, 지금은 그들이 주축이 되어 한 달에 한 번 정기적으로 테니스를 치는 모임으로 성장했습니다(참고로 원장님과 저 그리고 테니스 멤버들은 자녀들이 중학교 1학년 때 같은 반으로 만난 학부모 관계입니다).

저희 모임은 가족이 함께 테니스를 즐긴다는 목적을 분명히 하고 있습니다. 그런데 이 모임이 성장하고 지속되는 데는 원장님의 역할이 무척 컸습니다. 원장님은 테니스를 처음 접하는 사람들을 위해 라켓 쥐는 방법부터 시작하여 포핸드, 백핸드 등 테니스 기술을 하나하나 친절하게 설명해주며 진입 장벽을 낮추기 위한 노력을 꾸준히 하였습니다. 무언가 된다 싶으면 아낌없이 칭찬해주고 계속 격려하는 원장님에게서 좋은 어른으로서의 모습을 볼 수 있었습니다.

『테린이를 위한 알기쉬운 테니스』는 늘 사람들을 배려하는 그리고 어떤 것에 꽂히면 끝까지 파고드는 이성근 원장님의 성향이 그대로 반영되어 있는 책입니다. 테니스 입문자를 위한 매너부터 포핸드, 백핸드 등 테니스 기술, 부상 방지를 위한 스트레칭 등 테니스에 관한 모든 것을 담았다 해도 과언이 아닙니다. 또한 책 곳곳에 관련 영상도 함께 제공되어 있어 더욱 유용합니다. 아마 집필과 영상 제작이 병행되며 책이 더 알차게 구성되지 않았을까 생각합니다.

세상에 쉬운 일이 있겠냐마는 테니스는 참 어려운 운동입니다. 포핸드가 잘 된다 싶으면 백핸드가 말썽이고, 백핸드가 잘 된다 싶으면 여지없이 발리가 문제를 일으킵니다. 또 나보다 고수를 만나면 괜히 움츠러들어 이상한 샷을 날리고, 테니스를 접한지 얼마 안 된 분을 만나도 생각보다 잘 치면 '그동안 나는 뭐 했나' 싶어 또 이상한 샷을 날리기 일쑤입니다.

실천은 이론과 함께할 때 큰 효과를 얻을 수 있습니다. 테니스 실력을 향상시키기 위해서는 레슨을 받는 것이 제일 좋겠지만 여건이 어려울 때는 책을 읽거나 영상을 보는 것은 분명히 도움이 됩니다. 테니스를 즐기다 벽에 부딪힐 때면 지금 무엇을 놓치고 있는지 이 책을 펼쳐 도움을 받은 후 코트장으로 향하는 것을 반복하며 계속 실력을 쌓으시길 바랍니다. 원장님의 다음 책도 기대합니다. 감사합니다.

추천사 ❷

테니스를 향한, 테린이를 향한 애정이 가득 담긴 책

이우진

2023년 말, 이성근 원장님을 처음 뵙게 되었습니다. 병·의원 전문 마케팅 에이전시인 저희 회사의 클라이언트로서 처음 뵙게 되었습니다. 처음 뵙고 나니, 이성근 원장님은 제가 만나본 어떤 의사보다 적극적이고 스마트한 분이라는 생각을 했습니다. 원장님께서는 항상 명료하고 명쾌한 의사소통을 하셨고, 의료에 대한 열정이 가득한 분이라는 생각도 하게 되었습니다.

그러던 중 원장님께서 '테니스 관련 책을 집필하고 있다.'고 말씀해주셨을 때, 조금은 의아한 생각이 들었습니다. 병원에서 마주한 원장님의 모습과 테니스를 치시는 원장님의 모습이 쉽게 매칭이 되지 않았달까요. 쉽게 상상이 되지 않았습니다.

그리고 얼마 지나지 않아 진료일이 아닌, 일요일에 원장님을 '테니스 코트'에서 뵙게 되었습니다. 그리고, 그 곳에서 병원에서의 원장님의 모습과 비슷하면서도 다른 '테니스 애호가'로서의 원장님을 만나게 되었습니다.

원장님은 함께 테니스를 치고 계신 모든 분들을 큰 목소리로, 그리고 적극적으로 독려하면서 매치를 이어가셨고, '테린이'분들이 용기를 내어 도전할 수 있도록 끊임없이 파이팅을 외치셨습니다. 이러한 원장님의 모습을 보며, 저는 또 한 번 참 대단한 분이라는 생각을 했습니다. 그리고 그제야 『테린이를 위한 알기쉬운 테니스』라는 책의 의미를 온전히 이해하게 되었습니다.

저는 이 책이 이성근 원장님의 열정이 그대로 담긴 책이라는 사실을 알게 되었습니다. '책을 낸다'는 단순한 행위를 넘어 이 책은 테니스에 대한 원장님의 애정, 테린이분들에 대한 원장님의 애정이 담긴 책이라는 것을 알게 되었습니다. 저에게도 이 책은 테니스라는 새로운 세계에 발을 딛게 해줄 가이드가 되어줄 것만 같습니다.

주변에 테니스를 열심히 배우는 분들을 보면 '레슨'을 받고자 하지만, 시간이 여의치 않아 포기하는 경우를 왕왕 봐 왔습니다. 물론, 레슨을 통해 실력을 향상시키는 것은 좋은 방법이라는 것이 자명합니다. 하지만, 책을 읽고 영상을 시청하면서 때때로 스스로를 점검하고 공부하는 자세도 매우 중요할 것이라는 생각을 하게 되었습니다. 거기다가 테니스를 애정하시는 이성근 원장님께서 집필하신 책이라면 더더욱 의미있는 시간을 선물할 것이 확실합니다.

이 책은 정말 이성근 원장님의 테니스를 향한, 테린이를 향한 애정이 가득 담긴 책입니다.

저를 포함하여 많은 분들께서 『테린이를 위한 알기쉬운 테니스』를 만나시고, 즐거운 테니스 생활을 하실 수 있기를 독자로서 열렬히 바라겠습니다.

CONTENTS

머리말 · 02
추천사 · 06

PART I 테니스 입문자를 위한 기본 지식

1. 테니스 매너 · 016
2. 준비운동 · 022
3. 기본 장비 · 024
4. 그립 · 028
5. 풋워크 · 032

PART II 포핸드

1. 포핸드 기본 스윙 · 036
2. 테린이가 범하는 흔한 포핸드 실수 · 046
3. 포핸드 초보자들을 위한 조언 · 052

테린이 테니스와 어린이를 합친 말로 테니스에 처음 입문한 초보자를 뜻하는 신조어 입니다.

CONTENTS

PART Ⅲ 백핸드

1. 백핸드 기본 스윙 · 080
2. 테린이가 범하는 흔한 백핸드 실수 · 090
3. 백핸드 초보자들을 위한 조언 · 096

PART Ⅳ 발리

1. 포핸드 발리 기본 스윙 · 114
2. 백핸드 발리 기본 스윙 · 119
3. 테린이가 범하는 흔한 포핸드 발리 실수 · 124
4. 테린이가 범하는 흔한 백핸드 발리 실수 · 129
5. 발리 초보자들을 위한 조언 · 133

PART Ⅴ 서브

1. 서브 기본 스윙 · 150
2. 테린이가 범하는 흔한 서브 실수 · 160
3. 서브 초보자들을 위한 조언 · 162

PART VI 스매싱

1. 스매싱 기본 스윙 — 178
2. 테린이가 범하는 흔한 스매싱 실수 — 184
3. 스매싱 초보자들을 위한 조언 — 188

PART VII 테니스 연습과 부상 예방법

1. 테니스 연습방법 — 200
2. 테니스를 오래하기위한 부상 예방법 — 203
3. 실전에 임하는 테린이를 위한 조언 — 208

별책부록 테린이의 테니스 입문기

1. 테린이 인터뷰 1 — 214
2. 테린이 인터뷰 2 — 220
3. 테린이 인터뷰 3 — 226

참고도서 목록 • 234

다운더라인
@downtheline_tennis
테니스에 의한 알기 쉬운 테니스 레슨 코칭
구독

QR코드 사용방법

 →   →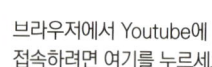

1. 기본 카메라 앱을 열어주세요.
(애플/안드로이드 동일)

2. 화면에 맞춰 사진을 찍는 것처럼 QR코드를 화면 중앙에 배치합니다.

3. 위와 같이 나타나는 창을 누르면 영상이 유튜브에서 재생됩니다.
(애플도 팝업창 열기를 해 주세요.)

PART I 테니스 입문자를 위한 기본 지식

Basic knowledge for tennis beginners

1. 테니스 매너

2. 준비운동

3. 기본 장비

4. 그립

5. 풋워크

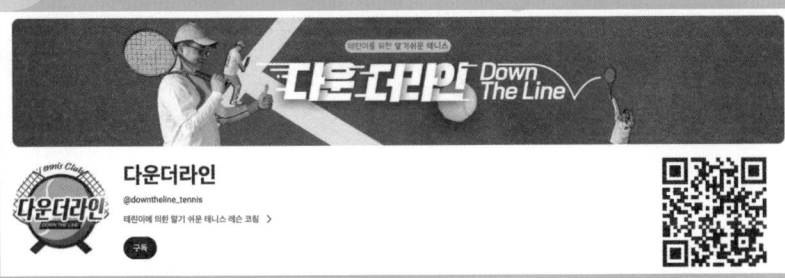

PART I

테니스 입문자를 위한 기본 지식

1. 테니스 매너

첫 번째로 테니스는 항상 상대방을 존중하면서 하는 게 중요합니다.

테니스는 상대방을 존중하며 점수를 내는 게임이므로 무시하는 행동을 하거나 상대방을 보고 구호를 외치는 건 매너에 어긋납니다.

두 번째로 첫 서브를 넣기 전에 상대방한테 인사를 합니다.
내가 처음 넣는 서브에서는 인사를 주고받는 게 좋습니다.

세 번째로 상대방한테 공을 줄 때 받기 좋게 줍니다.
공을 건네줄 때는 상대방이 받기 편하도록 원바운드나 투바운드로 넘겨줍니다.
너무 세게 주거나 상대방이 없는 곳에 쳐서 상대방이 받기 어려워한다면 매너가 없다고 생각하게 됩니다.
하지만 테린이 입장에서 공을 정확하게 주는 것은 힘듦으로 네트 앞에 가서 손으로 주는 것도 좋은 방법입니다.

네 번째로 경기 중에 잡담하거나 전화를 받는 등 경기에 방해되는 행동을 하지 않습니다.

테니스 경기는 물을 마시거나 라켓을 교체하는 것도 코트 체인지를 할 때만 가능합니다. 신발끈이 풀리는 정도의 일이 아니면 개인사정으로 경기를 중단시키는 일은 지양해야 합니다.

다섯 번째로 상대방의 콜을 존중하고, 나 또한 속이지 않습니다.
아웃인지 아닌지로 싸움까지 하는 경우도 있는데, 원칙은 상대방의 콜을 존중하고 나 또한 속이지 않는 것입니다. 물론 상대방이 너무 많이 잘못된 콜을 부르는 것 같으면 심판에게 이야기하는 것도 좋습니다.

여섯 번째로 공을 주우러 갈 때 너무 느릿느릿 걸어가면 안 됩니다.
상대방이 너무 기다리지 않게 하는 것이 중요합니다.

일곱 번째로 우리 팀이 친 공이 다른 코트에 넘어갔을 때는 상대방이 콜을 부를 때까지 기다립니다.
허락을 받지 않은 상태에서 먼저 다른 코트에 난입하면 안 됩니다.

물론 상대방 코트에 공이 안 들어가게 하는 것이 가장 중요하지만, 실수로 넘어갔다면 상대방 쪽에서 중단을 외치고 공을 건네줄 때까지 기다립니다.

여덟 번째로 상대방을 너무 가르치려 하면 안 됩니다.
상대방 입장에서는 못 치는 것도 화나는데 거기서 이러면 안 된다, 저러면 안 된다고 하면 화를 돋우는 것이므로 가르치려 하는 행동은 매너가 아닙니다.

아홉 번째로 코트 이용시간을 준수합니다.
이용 시간을 지켜 다음에 이용할 사람에게 폐가 되지 않도록 제때(5분 전 정리 시작) 나옵니다.

열 번째로 잘 치는 사람보다는 못 치는 사람이 경기 때 사용할 공을 준비합니다.

열한 번째로 술을 먹고 테니스장에 입장하면 안 됩니다.

열두 번째로 다른 사람이 경기 중인 코트를 가로질러 가거나, 방해하지 않습니다.

열세 번째로 코트 이용이 끝났으면 정리정돈을 하고 나옵니다.

열네 번째로 첫번째 서브가 실패할 경우 그 공을 바로 줄 필요는 없습니다. 첫 서브를 실패하면 두 번째 서브를 해야 되는데 두 번째 서브 끝날 때까지는 공을 그냥 갖고 있거나 네트 근처에 뒀다가 두 번째 서브까지 끝나고 주어야 흐름이 끊기지 않습니다.

열다섯 번째로 상대방이 에러를 해서 콜을 외치거나 더블 폴트를 했을 때 기뻐하는 모습을 보이면 안 됩니다.

또한, 상대방이 실수를 반복할 때도 티 나게 좋아하면 안 됩니다.

열여섯 번째로 내가 친 공이 네트를 맞고 넘어가서 득점됐을 때는 좋아하기보다 먼저 미안하다고 사과를 해야 합니다.

열일곱 번째로 경기 중에는 상대방에게 말을 걸지 않습니다.

열여덟 번째로 서브를 하기 위해 토스를 했는데 공이 잘못 올라가 내가 스윙을 안 하게 됐을 때 그때는 미안하다고 이야기를 합니다.
토스를 다시 할 때는 미안하다고 상대방한테 이야기해 주는 것이 매너입니다.

열아홉 번째로 상대가 잘했을 때는 잘했다고 응원해주는 것이 좋습니다.

스무 번째로 경기 시작 전과 경기 후에 라켓을 하이파이브하듯 겹쳐 인사합니다.

스물한 번째로 복식 경기를 할 때는 함께하는 사람을 격려합니다.

스물두 번째로 상대가 준비되었을 때 서브합니다.
상대는 준비되지 않았는데, 내가 준비됐다고 먼저 서브하는 것은 안 됩니다.

스물세 번째로 내가 친 공이 상대방의 몸을 맞추면 사과합니다.

PART I

2. 준비운동

첫 번째로 스트레칭이 가장 중요합니다.

일단 손목 풀어주기, 발목 풀어주기, 허벅지 풀어주기, 종아리 풀어주기, 어깨 풀어주기 등을 합니다. 테니스는 전신을 사용하는 운동이기 때문에 항상 전신을 풀어주시는 게 가장 좋습니다. 스트레칭을 하지 않고 테니스를 치면 아킬레스건을 다치는 경우가 잦은데, 이건 종아리 스트레칭을 5분만 해도 예방할 수 있는 부상입니다.

두 번째로, 준비운동은 최소 10~20분 정도 합니다.

5분 미만으로 하게 되면 아직 몸이 워밍업이 끝나지 않았기 때문에 근육이 놀랄 확률이 높습니다.

사실 테니스를 즐기시는 분들이 준비운동을 제대로 하는 사람이 많지 않습니다.

경기에 뛸 생각에 어떻게든 빨리 하고 싶어서 준비운동 없이 하게 되는데, 준비운동을 제대로 하지 않는다면 부상당할 수 있으니 테니스를 길게 즐기려면 간단한 준비운동은 항상 하고 하시는 게 좋겠습니다.

테니스 전 준비운동에
관한 유튜브 영상

QR코드 사용방법

 → →

1. 기본 카메라 앱을 열어주세요.
(애플/안드로이드 동일)

2. 화면에 맞춰 사진을 찍는 것처럼 QR코드를 화면 중앙에 배치합니다.

3. 위와 같이 나타나는 창을 누르면 영상이 유튜브에서 재생됩니다.
(애플도 팝업창 열기를 해 주세요.)

Part I. 테니스 입문자를 위한 기본 지식   23

PART I

테니스 입문자를 위한 기본 지식

3. 기본 장비

라켓, 테니스화, 운동복. 세 가지는 필수적입니다.

 첫 번째로 라켓은 레슨을 받는 분이라면 담당 코치 선생님에게 추천을 받는 것이 가장 좋습니다. 그렇지 않은 분은 처음부터 새것을 구매하기보다는 중고로 저렴한 라켓을 먼저 사서 쳐본 뒤에 새로 사는 것이 좋습니다.

초보자에게 무거운 라켓은 좋지 않습니다. 여성분은 260~280g 사이가 가장 좋고, 남성분은 다른 사람이 300g 이상을 사용한다고 해서 나도 300g 이상을 쓸 필요는 없습니다. 280g이 초보자에게 가장 적합한 무게라고 생각합니다.

또한, 라켓은 비싸다고 무조건 좋은 것이 아닙니다.

처음에는 입문자용을 사용하다가 나중에 실력이 늘고 자기 스타일이 정해지

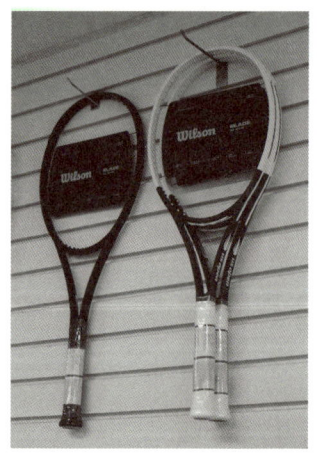

면 그때 다른 라켓을 구매하는 것이 좋습니다.

 두 번째로 테니스화는 꼭 필요합니다. 평범한 운동화를 신고 코트장을 뛰게 되면 앞뒤로 뛰는 방향도 잘 뛸 수 없을뿐더러 다칠 위험이 크기 때문에 테니스화를 신고 뛰는 게 좋습니다.

발목이 약한 분은 운동화를 신고 테니스를 치면 신발이 발목을 잡아주지 않기 때문에 잘 넘어지고 부상 위험이 큽니다. 하지만 테니스화를 신으면 발목을 아주 세게 잡아주기 때문에 넘어지지 않고 부상 위험이 줄어듭니다.

세 번째로 운동복은 꼭 테니스복은 아니더라도 평범한 면티보다는 땀을 흡수할 수 있는 기능성 티를 입으면 찝찝하지 않게 오랫동안 운동할 수 있습니다. 테니스는 전신운동이어서 땀이 엄청나게 많이 나기 때문입니다.

그 다음으로 준비해야 하는 것은 공입니다.
게임을 위해서는 공이 많이 튀는 것이 중요하지만, 게임용이 아니라면

일반 연습 공을 사용해도 됩니다. 선수는 6게임에 3~4개의 공을 사용하지만, 동호인은 공을 그렇게 세게 치지 않고 약하게 치므로 한 개의 공으로 하루 정도는 사용해도 괜찮다고 생각합니다.

테니스 가방은 필수품이 아니므로 재량껏 선택하시면 됩니다. 타월이나 선글라스 등도 마찬가지입니다.

모자는 햇빛이 강한 야외라면 필요하지만, 실내에서는 크게 필요하지 않습니다. 또한, 야외에서는 선크림을 사용하면 좋습니다.

그리고 라켓을 감는 그립도 필요합니다. 그립은 라켓 손잡이에서 손이 미끄러지지 않게 방지하는 역할을 합니다. 손에 땀이 많은 분은 축축해지면 갈고, 손에 땀이 없는 분은 더러워지면 갈면 됩니다.
손이 작아서 라켓을 그냥 잡기에도 어려운 분은 안 감는 것이 좋습니다. 또는 팽팽하게 당겨서 얇게 감아주어야 합니다. 반대로 손이 너무 커서 라켓이 너무 작다고 한다면 그립을 2개까지 감아도 괜찮습니다.

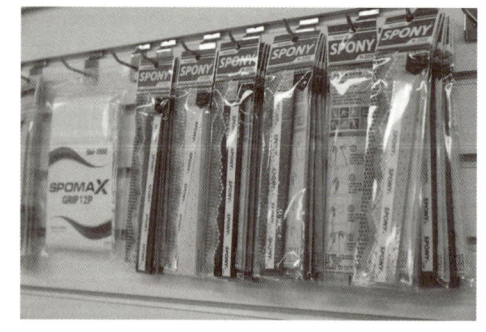

댐프너(dampener)는 라켓에 공이 맞으면 울림도 있고, 스트링이 종종 비뚤어지는데 그것을 방지하기 위해 하는 것입니다. 라켓에 공이 맞았을 때 팔까지 오는 진동이 싫다면 댐프너를 사용합니다.

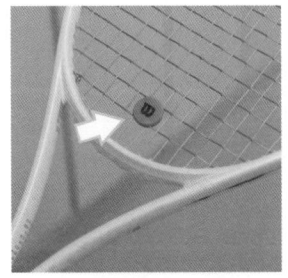

보호대는 어떤 운동이든 하다 보면 근육이 많이 놀라고 다치므로 사용하기도 합니다. 부상방지에 도움이 되긴 하지만 아무래도 보호대이다 보니 딱딱해서 뛰는 것이나 그 외의 행동에 제약이 있을 수 있으므로 굳이 아프지 않다면 안 해도 상관없습니다.

야외에서는 자외선차단용 선패치나 마스크를 하는 것이 좋습니다.

PART I

테니스 입문자를 위한 기본 지식

4. 그립

1) 포핸드 그립

포핸드 그립을 쉽게 잡을 수 있는 방법은 라켓을 먼저 바닥에 놓고 손바닥을 앞으로 내민 뒤 그대로 무릎을 낮춰 손바닥으로 잡아 들여주면 됩니다.

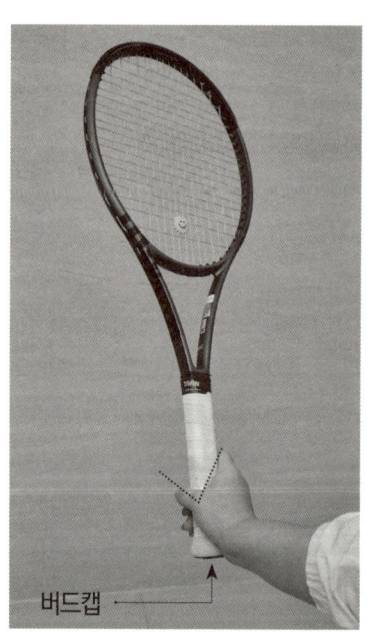

버드캡

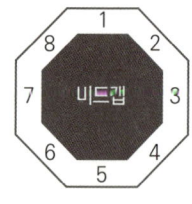

이렇게 잡았을 때가 가장 기본으로 많이 쓰입니다.

테니스 라켓 아래쪽에 팔각형 모양을 버드캡이라고 합니다.

라켓을 지면과 90°로 세웠을 때 1번 면, 그 옆이 2번 면으로 일컫는데 보통 포핸드 그립은 엄지손가락과 검지손가락으로 이루는 'V'자가 1번과 2번 사이에 가게 위치합니다.

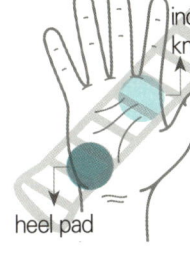

– 포핸드 그립

그립을 오른쪽으로 살짝돌려 1번과
2번 사이에 인덱스 너클(index knuckle)과
힐 패드(heel pad) 부분을 놓아준다.

잡는 방법

인덱스 너클(그립 위쪽 접촉 부분) 힐 패드(그립 아래쪽 접촉 부분)
1번을 기준으로 오른쪽으로 한 칸 이동하여 엄지손가락과 검지손가락을 'V'자로 만들어 라켓을 잡는다. (이때, 중지와 검지 사이는 살짝 벌린다.)

사용 스트로크

포핸드 스트로크, 포핸드 스윙 발리, 포핸드 탑스핀 로브, 포핸드 패싱 샷, 포핸드 어프로치 샷, 포핸드 드롭 샷 등.

장점	단점
• 탑스핀 치기 좋다.	• 슬라이스를 치기 어렵다.
• 높은 공을 치기 좋다.	• 낮은 공을 치기 어렵다.
• 패싱 샷을 치기 좋다.	• 백핸드 그립으로 전환이 어렵다.

잘못된 방법

- 엄지손가락이 라켓 위로 향해 잡는다.
  (라켓을 놓칠 확률이 있어 손에 무리가 올 수 있습니다.)
- 손가락과 검지 사이를 띄우지 않고 일자로 라켓을 잡는다.
  (공을 칠 때는 그립이 손바닥 안에서 많이 돌아가기 때문에 갈고리 모양처럼 중지와 검지 사이를 살짝 벌려 잡아주세요.)

2) 백핸드 그립

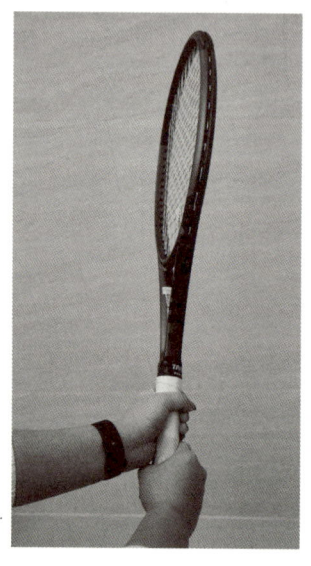

발리, 스매싱, 서브는 전부 백핸드 그립입니다.

백핸드 그립은 1번을 기준으로 왼쪽 한 칸 이동하여 엄지와 검지를 'V'자로 만들어 라켓을 잡아줍니다. 투핸드 백핸드를 구사할 때는 왼손도 'V'자를 맞춰 똑같은 각에 손을 얹어주면 됩니다. (오른손으로 먼저 라켓을 잡은 뒤 라켓 위쪽은 왼손으로 잡습니다.)

그림과 같이 엄지손가락을 라켓 왼쪽에 비스듬히 위로 올리고 엄지와 검지가 1번과 8번 사이에 가게 위치합니다.

백핸드를 할 때 투핸드로 공을 친다면 그만큼 다리의 힘과 체중을 이용해 안정적으로 공을 칠 수 있습니다.

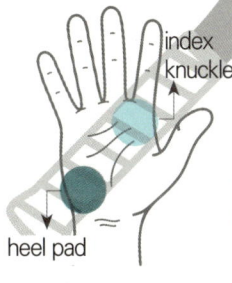

– 백핸드 그립

그립을 왼쪽으로 살짝 돌려 1번과 8번 사이에 인덱스 너클(index knuckle)과 힐 패드(heel pad) 부분을 놓아준다.

잡는 방법
인덱스 너클(그립 위쪽 접촉 부분), 힐 패드(그립 아래쪽 접촉 부분)
라켓을 세워 1번과 8번사이에 엄지손가락과 검지손가락을 'V'자로 만들어 라켓을 잡는다.

사용 스트로크
백핸드 스트로크, 백핸드 패싱 샷, 백핸드 로브, 백핸드 드롭 샷, 백핸드 발리 등.

장점	단점
• 파워를 내기 쉽다.	• 허리높이 이상으로 뜬 공을 치기 어렵다.
• 허리 높이의 공을 치기 좋다.	• 낮은 발리가 어렵다.
• 다양한 스핀을 구사하기 좋다.	• 기술샷이 어렵다.
• 여러가지 코트에서 적응력이 좋다.	• 슬라이스를 치기 어렵다.
• 초보자가 사용하기 좋다.	

PART I

 테니스 입문자를 위한 기본 지식

5. 풋워크

스텝이 기본적으로 잘 되면 내가 공을 쫓아가는 속도도 빨라지고, 칠 수 있는 공도 많아집니다. 여유가 있다면 내가 배운 스윙을 전부 활용할 수 있지만, 여유가 없으면 내가 배운 스윙을 제대로 사용하지 못하고 일단 공을 넘기기만 급급하게 됩니다. 따라서 풋워크가 제대로 되어야 공을 치기 좋습니다. 즉, 공을 단시간 내에 쫓아가기 위한 효율적인 움직임이라고 생각하시면 됩니다.

처음 테니스에 입문하게 되면 스윙에 집중해서 레슨을 받게 되는데, 스윙이 어느 정도 잡히면 풋워크 연습을 많이 해야 합니다. 풋워크가 잘 되면 경기가 훨씬 더 수월하게 진행되고, 내가 원하는 스윙을 할 수 있는 준비 자세를 빨리 만들 수 있으므로 초보자에게 굉장히 필요한 훈련입니다.

테니스는 '팔이 아니라 발'로 치는 운동입니다.
테니스를 하고 났을 때 팔보다 허벅지가 아프면 정확하게 운동을 잘한 것입니다. 반대로 팔만 아프다면 제대로 운동한 것이 아니라 공을 그냥 세게 친 것이라고 생각하면 됩니다.

풋워크 방법으로는 스플릿 스텝, 크로스오버 스텝 등이 있습니다.

1) 스플릿 스텝 (Split step)

상대방이 공을 칠 때 작게 점프하여 탄성을 이용해 바로 뛰어나가는 기술입니다.

2) 크로스오버 스텝 (Cross over step)

일반적인 런닝 스텝으로 달리기하는 느낌으로 빠르게 커버하는 기초적인 발운동입니다. 런닝 스텝, 사이드 스텝, 인터벌 트레닝 등이 포함됩니다.

PART II 포핸드

1. 포핸드 기본 스윙
2. 테린이가 범하는 흔한 포핸드 실수
3. 포핸드 초보자들을 위한 조언

PART II 포핸드(Forehand)

1. 포핸드 기본 스윙

포핸드 실전 스윙에 관한
유튜브 영상

포핸드
1. 준비 자세

다리를 어깨넓이로 벌리기

무릎을 살짝 앞으로 굽히기

체중을 약간 앞발에 두기

준비 자세를 하실 때는 다리를 어깨 넓이로 벌리시고, 무릎은 살짝 앞으로 굽혀주시면 됩니다.

이때 스쿼트 자세처럼 엉덩이가 뒤로 빠지지 않게 주의하시고, 포핸드 그립을 잡았는지 다시 한번 확인해 주세요. 체중은 약간 앞쪽 발에 두면 좋습니다.

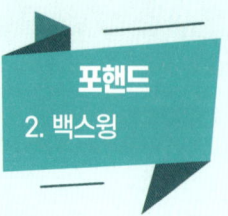

라켓면이 뒷벽을
볼 수 있게 하기

왼손은 왼발이
향하는 곳과
같은방향에 두기

왼발이 오른발보다
살짝 나오기

두 번째는 백스윙입니다.

오른손잡이인 경우 준비 자세에서 오른쪽으로 발과 몸통을 틀어주세요. 이때 라켓면이 뒤의 벽을 볼 수 있게 만들어주시면 됩니다. 왼발이 오른발보다 살짝 앞으로 나온다고 생각하시고, 왼손은 왼발이 향하는 곳과 같은 방향에 놓아주시면 됩니다. 왼손은 나중에 공을 가리키는 용도로 씁니다.

이때 라켓 헤드가 뒤쪽 벽면을 향하게 하는 게 중요합니다.

포핸드
3. 임팩트 전단계

무릎을 살짝 앞으로 굽히기

라켓 헤드를 골반까지 내려주기

라켓 손잡이 부분이 먼저 나온다는 느낌으로 손목 안쪽을 앞으로 뻗어주기

세 번째는 임팩트 전 단계입니다.

무릎은 살짝 앞으로 굽혀주시고, 라켓 헤드를 골반까지 내려주세요.

스윙이 나올 때는 라켓 손잡이 부분이 먼저 나온다는 느낌으로 손목 안쪽을 앞으로 쭉 뻗어주시면 됩니다.

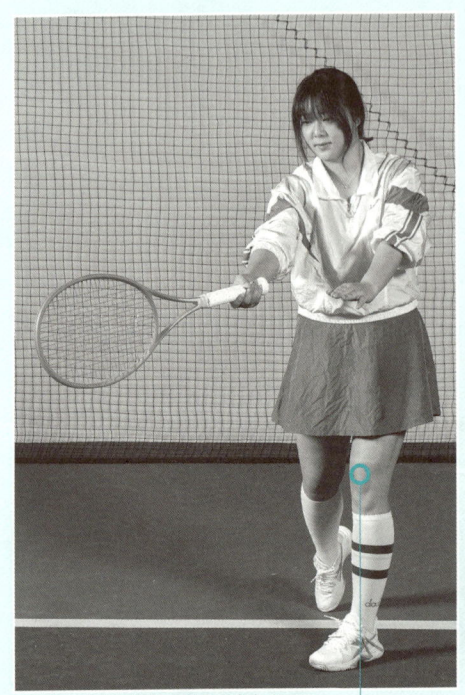

시선은 항상 공을 향하기
라켓면이 15°정도 덮힌 상태로 공을 맞추기

굽혀 있던 무릎을 왼발 쪽으로 일어나며 체중 이동하기

네 번째는 임팩트입니다.

공을 맞힐 때는 굽혀 있던 무릎을 왼발 쪽으로 일어나며 체중 이동을 해주시고, 공을 맞힐 때는 라켓의 정면을 맞춘다는 느낌이 아닌 15° 정도 라켓면이 덮인 상태로 공을 맞힌다고 생각하시면 됩니다.

임팩트 할 때도 시선은 항상 공을 향하게 하는 게 중요합니다.

포핸드
5. 임팩트 후

공이 라켓을 맞은 후 라켓이 손목 앞으로 나가지 않기

오른발을 정면으로 회전하기

왼발에 체중을 싣기

다섯 번째는 임팩트 다음 단계입니다.

공이 라켓에 맞은 후 라켓이 손목 앞으로 나가지 않게 주의해 주시고, 오른발을 정면으로 회전시켜 주세요. 왼발에 모든 체중이 실린다는 느낌이 들어야 합니다.

포핸드
6. 폴로 스루

라켓 헤드 끝에 매달아 놓은 공을 하늘 위로 쳐 올린다는 느낌으로 손목을 왼쪽 귀 옆으로 가져가기

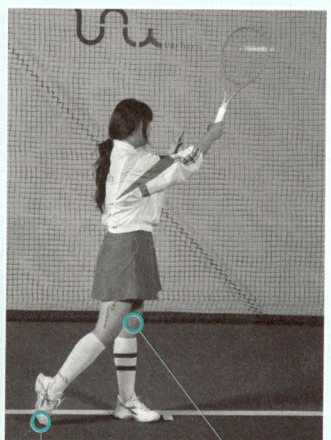

오른발은 왼발을 따라 살짝 앞으로 끌고오기

약간 굽혔던 무릎을 펴기

여섯 번째는 폴로 스루입니다.

라켓 헤드 끝에 매달아 놓은 공을 하늘 위로 쳐올린다는 느낌으로 손목을 왼쪽 귀 옆으로 가져와 주세요.

오른발은 왼발을 따라 살짝 앞으로 끌고 옵니다.

이때 약간 굽혔던 무릎을 펴주는 것이 좋습니다.

> 오른손과 왼손이 왼쪽 귀에서 만난다고 생각하기

포핸드
7. 피니시

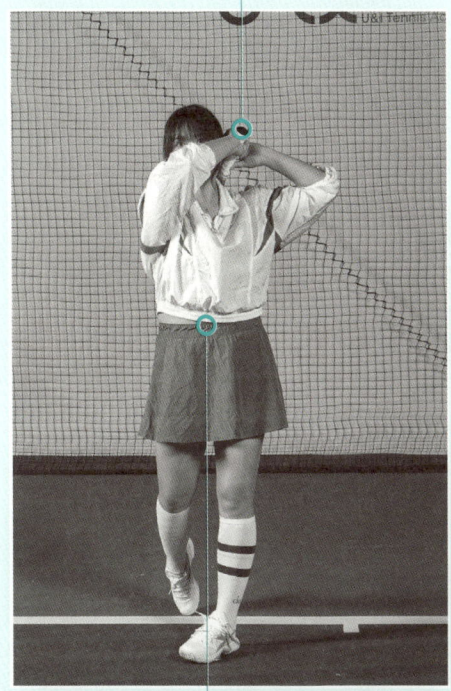

> 라켓은 등 뒤로 넘긴다고 생각하기

> 골반과 몸통이 정면을 바라본다는 느낌으로 틀어주기

마지막은 피니시입니다.
피니시 동작에서는 골반과 몸통이 정면을 바라본다는 느낌으로 몸을 틀어 주세요.
라켓은 등 뒤로 넘긴다고 생각하시고 가져와 주세요.
오른손과 왼손이 왼쪽 귀에서 만난다고 생각하시면 됩니다.
동작이 끝나면 다음 샷을 위해 준비 자세로 돌아갑니다.

왼손잡이인 경우에는 준비한 상태에서 "하나"하면 왼쪽으로 돕니다. 이때 중요한 점은 똑같이 손바닥이 뒤의 벽을 본다고 생각하고 라켓을 뒤로 밀어줍니다.

"둘"하면 오른발이 왼발보다 살짝 앞으로 나오게 잡아줍니다.

"셋"하면 라켓면이 젖혀지지 않게 쭉 라켓 헤드를 그대로 가져오면 됩니다. 이때, 오른쪽 어깨가 먼저 바깥으로 열리지 않도록 자세를 한 번 잡아줍니다.

피니시 때는 골반이 정면을 볼 수 있게 어깨와 골반이 정면 쪽으로, 라켓 헤드는 왼손 주먹이 오른쪽 귀쪽으로 올 수 있게 잡아줍니다.

포핸드 실전 스윙에 관한
유튜브 영상

 **다운더라인**
@downtheline_tennis
태린이에 의한 알기 쉬운 테니스 레슨 코칭 ›
구독

QR코드 사용방법

  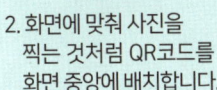 웹페이지
브라우저에서 Youtube에
접속하려면 여기를 누르세요.

1. 기본 카메라 앱을
열어주세요.
(애플/안드로이드 동일)

2. 화면에 맞춰 사진을
찍는 것처럼 QR코드를
화면 중앙에 배치합니다.

3. 위와 같이 나타나는 창을
누르면 영상이 유튜브에
서 재생됩니다.
(애플도 팝업창 열기를 해 주세요.)

Part II. 포핸드 45

PART II

포핸드(Forehand)

2. 테린이가 범하는 흔한 포핸드 실수

첫 번째 실수는 준비할 때 엉덩이를 뒤로 빼는 것입니다.
이렇게 준비하게 되면 공을 칠 때 달려나가기도 어려울뿐더러 체중이 뒤로 빠져서 뛰기에 적합하지 않습니다.
올바른 자세는 무릎을 앞으로 빼고 엉덩이를 뒤로 빼지 않는 것입니다. 스쿼트 자세처럼 엉덩이를 너무 빼면 안 되겠습니다.

두 번째 실수는 라켓을 뺄 때 라켓 헤드를 높이 들어서 위에서 아래로 내려치는 스윙입니다.

이렇게 치게 되면 낮은 공은 치지 못할뿐더러 공이 위에서 아래로 꽂히므로 네트를 넘기기 힘듭니다.

올바른 스윙은 라켓 헤드를 허리 높이로 빼서 밑에서 위로 올려치는 드라이브성 스윙입니다.

세 번째 실수는 공이 맞을 때 라켓면이 열린 상태에서 맞아 공이 슬라이스성으로 얇게 맞는 경우입니다.

라켓면이 살짝 덮인 상태에서 라켓 끝을 위로 끌어올려 드라이브성으로 맞았을 때 공이 무겁고 길게 나갑니다.

슬라이스성으로 공이 맞게 되면 얇고 짧게 나가므로 상대방이 공격하기가 쉽습니다.

네 번째 실수는 폴로 스루가 끝난 뒤 라켓 헤드가 어깨 옆으로 떨어진 스윙입니다.

이렇게 치면 라켓 끝이 바닥으로 내려와 공이 포물선을 그리지도 못할 뿐더러 오른쪽 어깨에 많은 무리를 줍니다.

올바르게 치는 스윙은 주먹이 왼쪽 귀쪽으로 올라와 왼손과 같이 라켓을 잡아주는 스윙입니다.

다섯 번째 실수는 몸이 정면을 보고 쳐서 스윙이 이상하고, 달려가기에 부적합한 자세입니다.

정면을 보고 스윙이 나오게 된다면 허리를 돌리는 힘이 없어 공이 약하게 갈뿐더러 뛰어가면서 공을 치기가 어렵습니다.

여섯 번째 실수는 앞발에 체중이 걸리지 않고 체중이 뒷발에 있으면서 임팩트 후에 몸이 뒤로 젖혀지는 현상입니다.
이렇게 되면 공이 대부분 떠서 아웃되는 일이 생깁니다.

일곱 번째 실수는 공과의 거리가 너무 가깝거나 너무 멀어서 정확한 임팩트가 되지 않는 것입니다.

여덟 번째 실수는 임팩트 시 그립이 흔들리게 되면서 정확하게 임팩트가 되지 않는 문제입니다.
그립을 안 흔들리게 하기 위해서는 스윙하기 전에 라켓을 살짝 잡고 있다가 공이 맞을 때 그립을 살짝 더 세게 쥐는 편이 좋습니다.
세게 잡고 있다가 맞았을 때 힘이 풀리면 그립이 많이 돌아갑니다.

아홉 번째 실수는 폴로 스루와 피니시를 끝까지 하지 않고 치다 멈추는 스윙입니다.
초보자는 공을 맞히는 것에 급급하다 보니 정확한 스윙을 끝까지 하지 않는 경우가 많습니다.

열 번째 실수는 다리를 움직이지 않고 제자리에서만 치려는 실수입니다.
공이 나에게 온다고 생각하고 움직이지 않고 제자리에서만 스윙을 한다면 공을 쳤을 때 타점이 계속 바뀌어 정확한 자세를 잡는 게 어렵습니다.

PART II

포핸드(Forehand)

3. 포핸드 초보자들을 위한 조언

1. 포핸드 그립과 자세

1) 그립을 정확하게 잡는다.
- 라켓의 버드캡 1번을 기준으로 오른쪽으로 한 칸 이동하여 엄지손가락과 검지손가락을 'V'자로 만들어 라켓을 잡는다.
- 검지는 갈고리 모양으로 잡는다.
- 그립이 틀어지면 얇게 맞기 때문에 그립을 자주 확인한다.

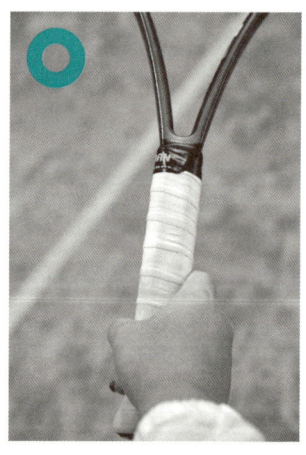

2) 그립이 흔들리지 않아야한다.
- 그립은 손바닥에 붙인다.
- 라켓을 무리하게 힘주어 쥐지 말고 가볍게 쥔다. 작은 새를 움켜잡는 기분으로 잡는다. 그렇다고 라켓이 손에서 빠져나갈 정도로 느슨하게 잡아서는 안된다.
- 그립은 평소에는 힘을 빼고 있다가 임팩트때만 힘줘서 쎄게 잡는다. 라켓이 흔들리는 이유는 힘을 계속 주고 있어서이다.

3) 과도하게 힘이 들어가서는 안된다.
- 어깨와 팔에 필요없는 힘이 들어가지 않는다.
- 라켓을 꽉 잡고 있으면 어깨와 팔의 근육이 굳어져서 스트로크가 전혀되지 않는다.

4) 라켓은 항상 들고 있어야하며, 라켓 헤드는 세워야한다.
- 라켓을 항상 들고 있어야 하는 것을 잊어서는 안된다.
- 라켓 헤드는 손목보다 높은 상태를 유지한다.
- 항상 라켓은 손목을 '꼭'한 상태로 들고 있어야 한다.
- 왼손으로 라켓을 받쳐준다.

5) 자세를 낮춘다.

- 스윙시 자세를 세우지 말고 상체를 약간 숙인다는 느낌으로 한다.
- 무릎을 구부려 자세를 낮춰야 한다.
- 몸은 충분히 낮춘 자세로 준비한다.

6) 다리는 어깨 넓이로 넓게 벌려준다.

- 양쪽 발꿈치를 기준으로 어깨 넓이로 벌려준다. 생각보다 넓게 벌린다.
- 다리 보폭이 좁아서는 안된다.
- 무릎은 옆으로 벌려야한다. 무릎을 안으로 구부리는 것이 아니다.

←어깨넓이→

7) 체중은 앞발에 둔다.

- 양발 엄지발가락에 체중을 건다. 체중을 앞으로 두고 기다린다. 양발의 뒷축 밑에 테니스 볼을 놓고 그 위에 올라선 기분으로 엄지발가락에 체중을 둔다.
- 헤드 업(head up)을 하면 안된다. 머리를 들면 체중이 뒷발에 머물게 된다.

2. 포핸드 스윙 준비

1) 스플릿 스텝(Split step)
- 상대가 치려고 할 때 일단 한번 제자리 뛰기를 한다.
- 춤추듯 리듬있게 몸을 움직인다.
- 발을 움직여야한다. 뛰지 않으면 공을 칠 수가 없다.

2) 발을 움직이고, 뛰어야한다.
- 한발 더 뛰어서 박자를 맞춰야한다. 포핸드에서 가장 중요한 것은 '발 움직임'이다.
- 안정된 자세를 잡은후 스윙을 할 수 있게 끊임없이 발을 움직여야 한다.
- 테니스에서는 움직이지 않고 때릴 수 있는 볼은 거의 없다. 좋은 볼을 치고 싶으면 우선 발을 움직이지 않으면 안된다.

3) 스타트는 빠르게 한다.
- 볼이 넘어올때까지 기다리지 말아야한다.
- 우물쭈물해서 불필요하게 시간을 낭비해서는 안된다.
- 짧게 떨어지는 공일때는 들어가야 한다. 공이 길게 오면 뒤로 물러나야 한다.

4) 상대가 칠 때 공을 주시한다.

- 상대 진영부터 타구 소리를 들을 때까지 시선은 처음부터 끝까지 볼에 고정한다.
- 상대가 치는 모습을 봐야 방향성과 속도감을 판단하여 거리를 맞출 수 있다.

- 느리게 오는 공일수록 잔발을 많이 해서 거리를 맞춰야 한다. 일반인들은 공이 빨리오면 잔발이 빨라지지만 실제로는 느린 공에 빨라져야 한다.

5) 미리 가서 자세를 잡는다.
- 움직이는 공을 칠 때는 미리 가서 자세를 잡아야 한다.
- 많이 움직여서 가장 치기 좋은 자세를 만든 다음 스윙한다.
- 늦어서 자세도 잡지 못하고 스윙하게 되면 미스샷이 많이 나온다.

6) 공에 집중한다.
- 공을 계속 주시한다.
- 정확히 보고 스팟(spot)에 맞춰야 한다.
- 볼이 라켓에 맞는 순간까지 볼에 시선을 고정한다.

7) 공과의 거리를 맞춰야한다.
- 잔발을 움직여서 준비를 하고 거리를 맞춘다.
- 공과 가까우면 안된다. 초보자의 흔한 실수이다. 멀다는 느낌이 드는 것이 적당한 거리이다.
- 라켓 길이만큼 떨어져야한다. 팔꿈치가 굽어있지 않을 정도로 떨어져 있어야 한다.

3. 포핸드 백스윙

1) 왼손은 공을 잡듯이 한다.

- 이는 공을 끝까지 보기 위함이다. 또한 어깨를 닫기 위함이다.
- 어깨 너머로 공을 보라.

2) 어깨를 회전한다.
- 라켓을 뒤로 빼는 동시에 상반신도 돌려서 양 어깨를 연결하는 선이 네트를 향하도록 한다.
- 상체를 충분히 회전한다. 왼쪽 어깨가 볼을 향할때까지 어깨를 회전한다.
- 어깨는 수평으로 회전한다.

3) 몸을 꼬아야한다.
- 백스윙시 팔만 빼서는 안 된다. 어깨를 돌려 몸을 틀어야 한다.
- 몸을 꼬였다가 풀면서 스윙한다.
- 축의 중심회전이 이루어야져야 한다. 포핸드는 거의 어깨와 허리로 친다.

4) 미리 백스윙을 준비하다.
- 상대가 공을 칠 때 자세를 보고 방향을 미리 예측해서 백스윙을 준비한다.
- 상대 공이 빨리오면 더 빨리 백스윙을 준비한다.
- 라켓을 뒤로 빼면서 공을 향해서 뛴다. 미리 백스윙하면서 움직여야 한다.

5) 미리 백스윙을 한다.
- 루프(loop) 그리듯 원을 그리며 라켓을 뒤로 뺀다.

- 팔을 너무 빼지말고 팔꿈치를 조금만(공하나 들어갈 정도) 벌이지게 한다.
- 임팩트 시의 손목 형태를 미리 만들어 백스윙(테이크백) 한다.

6) 백스윙이 늦으면 안된다.
- 실수의 대부분의 원인은 라켓을 뒤로 돌리는 동작이 느리기 때문이다. 볼을 쫓아간 다음에 백스윙을 하면 이미 늦다.
- 공이 바운드될 때 백스윙(테이크백) 동작이 끝나있어야 한다.

7) 백스윙이 제대로 되었는지 점검하라.
- 백스윙은 한번에 이루어진다. 이중동작을 하게 되면 타이밍이 늦다.
- 라켓 엔드(end)가 백스윙시 정면을 향하게 해야한다. 라켓 헤드의 끝은 뒤쪽 펜스를 향하게 한다.

4. 포핸드 임팩트 준비

1) 앞발을 디딤발로 확실히 내디딘다.
- 앞발을 대딛여서 고정을 먼저 꼭 해야 한다. 그 앞발이 스윙의 중심이 된다.
- 앞발 발바닥을 완전히 디딘다.

2) 2시 방향에 발을 디디고, 발끝을 열어 준다.
- 발끝이 열려야 임팩트시에 허리가 돈다.
- 그렇다고 몸이 오픈되면 안된다. 어깨는 닫아야 한다.

3) 앞발 무릎을 굽혀준다.
- 무릎을 낮추기 위해서는 앞발을 디딜때부터 앞발 무릎부터 낮춰야 한다.
- 앞발 무릎은 완충장치이다. 무릎이 체중의 이행에 의한 쇼크를 흡수하는 것이다.

- 무릎을 구부린 상태는 임팩트 순간까지 계속 유지한다. 무릎이 너무 일찍 펴지면 안된다.

4) 자세를 낮춰준다.
- 공이 오면 일단 앉아라.
- 상체가 세워지면 미스샷이 많다.
- 엉덩이만 뒤로 빠지면 안된다. 발이 따라가지 않으면 엉덩이가 빠지고 팔로만 치게 된다. 발이 따라가야 한다.

5) 전방에서 임팩트가 이루어지게 준비한다.
- 임팩트는 앞에서 이루어져야한다. 앞발보다 앞에서 임팩트가 되게 준비한다.
- 임팩트가 전방에서 이루어지기 위해 준비를 미리한다. 백스윙이 늦으면 절대 안되므로 미리 가서 자세를 잡아야 한다.

6) 허리높이에서, 공이 정점일 때 임팩트하게 준비한다.
- 타이밍이 생명이다. 늦으면 실패다. 늦게치면 실수다.
- 급하게 치지 않아야 한다. 백스윙후 잠시 멈춘다는 느낌으로 한다.
- 테이크백(백스윙) 완료 후 한번 호흡해 준다. 시간적 여유가 정확한 임팩트를 가능케 한다.

7) 치킨 윙(chicken wing) 자세가 되어서는 안된다.
- 팔꿈치가 들리지 않아야 한다. 팔꿈치가 하늘을 향해서는 안된다.
- 팔과 몸통의 간격은 공하나 간격이다.

5. 포핸드 임팩트

1) 전방에서 임팩트가 되어야한다.
- 앞발보다 앞에서 임팩트가 이루어져야 한다. 공이 2시 방향일 때 임팩트가 된다.
- 축의 회전을 이용할 수 있는 앞쪽에서 임팩트 되어야 한다.
- 전방에서 임팩트가 되지 않으면 공이 뜬다.

2) 임팩트시에 체중이 앞발로 이동한다.
- 임팩트시에는 앞발로 체중을 이동해야 한다. 뒷발에 체중을 두면 안 된다. 임팩트에서 체중의 위치만 정확하면 볼을 훌륭히 칠 수 있다.
- 앞발로 체중이동이 되어야 공이 뜨지 않는다. 체중이 앞발로 이동하여 몸이 뒤로 제껴지는 것이 아니라 몸 앞으로 숙여져야 한다. 몸을 뒤로 젖히지 않게 한다.
- 정확한 스트로크를 치는 요령은 스윙과 동시에 체중을 뒷발로부터 앞발의 엄지발가락으로 옮겨가는 것이다. 이를 위해서는 머리를 들지 않도록 한다.

3) 임팩트전까지 손목은 고정해야한다.
- 임팩트 순간까지는 항상 손목을 '콕' 상태로 유지한다. 임팩트 직전까지 팔과 손목과 라켓은 'L'자 되게끔한다. 손목 각도를 최대한 유지한다.
- 손목이 리드한다. 다운스윙시 손목이 먼저 나와야한다. 줄다리기 줄을 당기는 기분으로 한다.
- 백스윙부터 다운스윙까지 라켓 손잡이 앞부분은 정면으로 향해야 한다.

4) 임팩트에서 타면을 지면과 수직이 되게 한다.
- 임팩트시 라켓 헤드는 지면과 직각이 되게한다.
- 손바닥으로 친다는 느낌으로 손바닥을 지면과 수직으로 해야 한다.
- 타면이 열리게 되면 '홈런(공이 밖으로 나가버리게 된다.)'이 되기 쉽다.

5) 허리회전으로 스윙한다.
- 팔보다 허리를 먼저 돌리는 것이 포인트이다. 충분히 몸을 비틀기 위해서이다.
- 허리회전하면서 체중이동한다. 이것이 스트로크를 바르게 치기위한 철칙이다.
- 나사를 돌리는 것 같은 이 동작에 의해 체중이 자연히 앞쪽으로 이동하고, 타구에 힘이 많이 들어가게 된다.
- 어깨가 허리보다 너무 일찍 돌면 안되고, 어깨는 수평으로 회전해야 한다.

6) 팔로만 쳐서는 안된다.
- 테니스는 팔로 치는 것이 아니고, 몸으로 치는 것이다.
- 어깨를 돌려야 몸으로 치게된다. 팔로 치려고만 하는 이유는 어깨가 돌지 않기 때문이다.

PART II-3. 포핸드 초보자들을 위한 조언

6. 포핸드 폴로 스루

1) 임팩트 후 앞으로 길게 밀어주는 느낌으로 친다.
- 끝까지 밀어서 쳐야한다. 끊어치는 것이 아니라 골반과 허리 힘으로 쭉 밀어쳐야 한다.
- 임팩트 후 땡겨버리면 안된다. 스윙이 짧으면 거리도 짧다. 공이 짧으면 공격을 당한다.
- 볼 6개(10개)를 한꺼번에 앞으로 쭉 밀어주듯이 스윙한다.

2) 공을 두껍게 맞춰야한다.
- 라켓 타면에 볼이 닿은 채로 이동하는 거리를 될 수 있는 대로 길게 한다.
- 공을 얇게 맞추지 말아야 한다. 힘을 전달해서 뻗어주어야 한다.
- 손바닥으로 밀듯이 친다.

3) 임팩트 후 손목을 회전한다.
- 꺾였던 손목을 임팩트 때 풀어준다.
- 손목을 일찍 풀어서는 안된다.

4) 헤드 업(head up)을 하면 안된다.
- 머리를 일찍 들지 않아야 한다.
- 임팩트 도중에 머리를 들게 되면 체중이 뒷발에 머물러 있게 되어 라

켓도 들어 올리게 된다.
- 공이 넘어가는 것을 미리 보면 안된다. 스윙 후 볼이 날아가는 방향을 주시한다.

5) 굽힌 무릎을 펴며 일어나면서 스윙한다.

- 앉았다가 일어나면서 축적된 힘을 뿌려라.
- 일어나지 않으면 스핀이 걸리지 않는다.
- 무릎을 구부렸다가 펴면서 '지면 반력'을 이용해야 한다. 무릎 반동이 파워의 핵심이다.

6) 상승곡선을 그리듯 스윙한다.
- 헬리콥터 이륙하듯이 하지말고 비행기 이륙하듯이 앞으로 나아가야 한다.
- 스윙은 밑에서 위로 올라가듯이 한다. 그래야 공이 포물선을 그리다가 떨어지는 궤적을 그린다.
- 위로 올려쳐야 공이 길게 간다. 공이 짧으면 공격당한다. 포핸드는 길게 쳐야 위협적이다.

7) 스윙을 끝까지 한다.

- 스윙을 끝까지 하지 않으면 공이 뜨거나 네트에 걸린다.
- 치고 나서 스윙이 끊기면 안 되고, 계속 이어져야 한다. 절대로 스윙을 끊듯이 하여 힘차게 밀어내는 힘을 죽여서는 안 된다.
- 라켓을 던지듯 스윙한다. 치고 마는 것이 아니라 라켓을 던져버리듯 밀어서 스윙한다.

7. 포핸드 피니시

1) 라켓을 끝까지 뻗어 피니시 자세를 만들어준다.
- 팔로만 치면 피니시 자세가 되지 않는다. 라켓을 던지듯 올려야 한다.
- 중간에 스윙을 멈추면 안된다. 하프 스윙(half swing)만 해서는 파워가 생기지 않는다. 풀 스윙(full swing)을 해야한다. 라켓을 끝까지 던져야 한다.
- 공이 빨리 온다고 폴로 스루를 생략하면 안된다.

2) 라켓을 어깨 위로 올려 걸친다는 느낌으로 한다.
- 라켓을 머리 위로 올리지 않는다. 머리 위까지 올리면 시야가 가려진다.
- 라켓을 잡은 손의 손등이 반대편 귀까지 올라와야 한다.

3) 치고나서 뒷발이 나갈 정도로 체중을 이동한다.
- 뒷발에서 앞발로 체중이 이동되어 앞발에 체중이 걸린 상태로 마무리 된다.
- 상체가 뒤로 젖혀져서는 안된다.

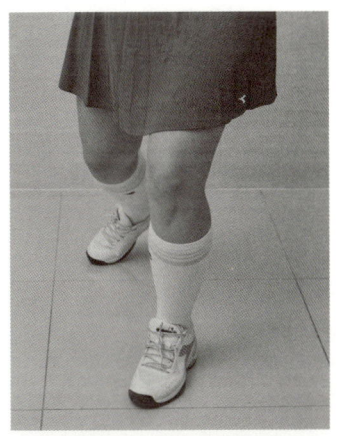

4) 뒷발은 앵커(닻) 역할을 한다.
- 뒷발로 밸런스를 잡아준다.
- 뒷발의 발꿈치가 들려야 한다.

5) 상황에 맞게 스윙을 조절한다.

- 깊은 볼을 칠 때는 치고 나서 라켓을 더 높게 머리까지 들어준다. 깊게 오는 볼을 칠 때는 낮은 위치에서 스타트하여 높은 곳에서 끝내는 것이 좋다.
- 세게 오는 공을 세게 치려고 하면 실수가 많이 난다. 오히려 뒤로 나와서 부드럽게 쳐라.
- 찬스볼도 당황하지 말고, 서두르지 말고 스윙한다.

6) 피니시 후에 다시 준비한다.

- 피니시에서 라켓 목을 왼손으로 잡는다. 그래야 다음 자세도 편한다.
- 치고나서 구경하지 말고 다음 공이 올꺼라 생각하고 준비해야 한다.
- 공을 정확히 임팩트하고 공이 상대편에 떨어지는 것까지 보고 나서 다시 준비 자세를 취한다.

7) 힘을 빼고 스윙한다.

- 힘을 빼고 피니시까지 쭉 밀어줘야 공이 길게 나간다.
- 세게 치는 것이 아니다. 그래야 풀 스윙(full swing)이 가능하다.
- 세게 치려고 하면 팔로만 치게 된다. 어깨와 팔에 필요 없는 힘이 들어가지 않아야 한다.
- 힘으로 치면 고생만 하고, 공이 짧아지고, 바운드가 높게 되어 공격당한다.
- 힘이 들어가면 공이 거의 나가버린다.

포핸드 연속동작

포핸드 실전 스윙에 관한
유튜브 영상

Part II. 포핸드

포핸드 특강
포핸드 그립/자세

포핸드 특강
초보자가 자주하는 흔한 실수

 다운더라인
@downtheline_tennis
테린이에 의한 알기 쉬운 테니스 레슨 코칭
구독

QR코드 사용방법

 →  →  웹페이지
브라우저에서 Youtube에 접속하려면 여기를 누르세요.

1. 기본 카메라 앱을 열어주세요.
(애플/안드로이드 동일)

2. 화면에 맞춰 사진을 찍는 것처럼 QR코드를 화면 중앙에 배치합니다.

3. 위와 같이 나타나는 창을 누르면 영상이 유튜브에서 재생됩니다.
(애플도 팝업창 열기를 해 주세요.)

PART III 백핸드 backhand

1. 백핸드 기본 스윙

2. 테린이가 범하는 흔한 백핸드 실수

3. 백핸드 초보자들을 위한 조언

PART Ⅲ

백핸드(backhand)

1. 백핸드 기본 스윙

백핸드 실전 스윙에
관한 유튜브 영상

백핸드 그립을 잡기

다리를
어깨넓이로 벌리기

무릎을 앞쪽으로
굽히기

먼저 백핸드 준비 자세입니다.

백핸드 그립을 잡아주시고, 다리를 어깨 넓이로 벌리시고, 무릎을 앞쪽으로 굽혀주세요.

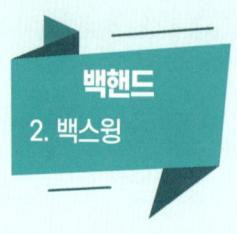

왼쪽으로 발과 몸통 틀어주기

왼쪽 팔꿈치를 당겨준다는 느낌으로 라켓 헤드를 뒤로 빼기

두 번째는 백스윙입니다.

오른손잡이인 경우 준비 자세에서 왼쪽으로 발과 몸통을 틀어주세요.

라켓 헤드를 너무 세우지 않고 준비 자세에서 그대로 뺄 수 있도록 잡아주시며, 왼쪽 팔꿈치를 살짝 옆으로 당겨준다는 느낌으로 라켓 헤드를 뒤로 빼주세요.

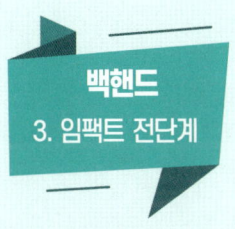

무릎을 살짝 굽혀주기

오른발을 왼발보다 앞쪽에 두기

라켓 헤드가 종아리 밑으로 떨어지지 않게 하기

세 번째는 임팩트 전 단계입니다.

오른발을 왼발보다 앞으로 가져와 주시고, 라켓 헤드가 종아리 밑으로 떨어지지 않게 잡아주세요. 이때 무릎을 굽혀주시면 됩니다.

라켓 헤드를 충분히 뒤로 젖히는 것이 중요합니다.

백핸드
4. 임팩트

라켓면이 10°정도 덮힌 상태로 오른발 무릎 앞쪽에서 맞추기

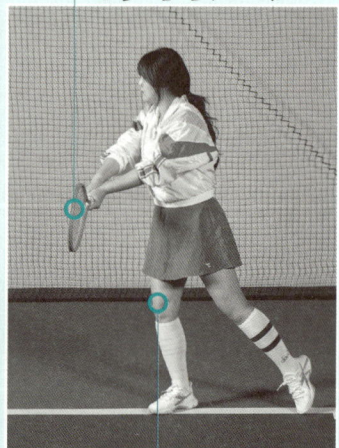

라켓면이 흔들리지않게 라켓을 조금 꽉 잡아주기

무릎을 오른발로 일어난다는 느낌으로 오른발로 체중 이동하기

네 번째는 임팩트입니다.

무릎을 오른발로 일어난다는 느낌으로 체중을 이동시켜줍니다. 라켓면이 10° 정도 바닥 쪽으로 덮여 있는 상태에서 오른발 무릎 앞쪽에서 맞춰줍니다. 이때 라켓면이 흔들리지 않게 라켓을 조금 꽉 잡아주시면 됩니다.

왼손으로 포핸드를 친다는 감각으로 라켓 헤드보다 주먹이 앞으로 나오게 해주세요.

이때 공과 너무 거리가 가까워도 안 되고 거리가 너무 멀어도 안 됩니다.

그리고 공이 너무 늦게 맞으면 안 됩니다.

백핸드
5. 임팩트 후

공을 끝까지 보기

왼손목의 힘으로
끌고 나오기

다섯 번째는 임팩트 다음 단계입니다.

라켓에 맞은 공을 끝까지 바라봐 주시고, 라켓 헤드 끝이 나올 때 오른손목의 힘보다 왼손목의 힘으로 끌고 와주시면 됩니다.

백핸드
6. 폴로 스루

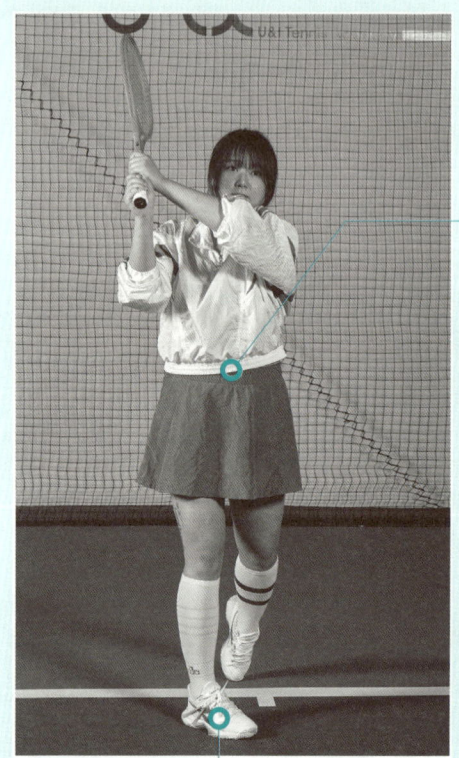

골반을 정면으로 돌리기

앞발에 충분히 체중 이동이 되게 하기

라켓 헤드가 등위로 이동하기

여섯 번째는 폴로 스루입니다.

임팩트 후 골반을 같이 정면으로 돌려주세요.

라켓 헤드가 등 뒤로 이동할 수 있게 스윙을 올려주시면 됩니다.

앞발에 충분히 체중 이동이 될 수 있도록 해주시는 게 중요합니다.

백핸드
7. 피니시

골반과 어깨를 정면으로 바라보기

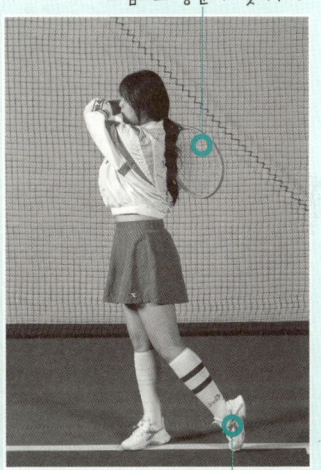

라켓 헤드가 등뒤에 걸쳐지는 느낌으로 충분히 젖혀주기

뒷발이 살짝 따라오기

마지막은 피니시입니다.

피니시 동작에서는 라켓 헤드를 등 뒤로 숨겨놓고 골반과 어깨가 정면을 바라보면 됩니다. 이때 뒷발이 살짝 따라와도 괜찮습니다.

라켓 헤드가 등 뒤에 걸쳐지는 느낌으로 충분히 젖혀두는 것이 중요하겠습니다.

백핸드 실전 스윙에
관한 유튜브 영상

다운더라인
@downtheline_tennis
태린이에 의한 알기 쉬운 테니스 레슨 코칭
구독

QR코드 사용방법

  🔲 웹페이지

브라우저에서 Youtube에
접속하려면 여기를 누르세요.

1. 기본 카메라 앱을
열어주세요.
(애플/안드로이드 동일)

2. 화면에 맞춰 사진을
찍는 것처럼 QR코드를
화면 중앙에 배치합니다.

3. 위와 같이 나타나는 창을
누르면 영상이 유튜브에
서 재생됩니다.
(애플도 팝업창 열기를 해 주세요.)

Part III. 백핸드

PART III

백핸드(backhand)

2. 테린이가 범하는 흔한 백핸드 실수

첫 번째 실수는 백스윙을 할 때 어깨와 라켓을 최대한 높이 들어 위에서 아래로 치는 실수입니다.

백핸드는 왼손으로 치는 것이라 라켓 자체를 위로 높게 들게 되면 제대로 된 스윙이 나오기가 어렵습니다.

위에서 아래로 내려치다 보면 공이 정확하게 안 맞아서 걸리는 경우가

많고 실수가 유발됩니다.

두 번째 실수는 처음부터 라켓 헤드를 종아리까지 내려 준비하는 자세입니다.
라켓을 세우고 있다가 치기 직전 라켓 헤드를 내렸다가 올려치는 것은 괜찮지만, 처음부터 라켓을 내리고 있다면 공에 힘을 최대한 주지 못해 공이 힘을 받지 못하고 약하게 넘어갑니다.

세 번째 실수는 임팩트 시 라켓면이 하늘을 보고 있는 자세입니다.
이렇게 되면 공이 하늘로 높이 뜨고, 공의 힘도 없어 상대방이 때리기 좋은 공이 됩니다. 라켓면을 열지 않고 10° 정도 숙여서 친다고 생각하

시면 되겠습니다.

라켓 헤드가 열리면 절대 안 되겠습니다.

네 번째 실수는 오른손 주먹을 당겨서 라켓과 배 사이가 가까워진 상태에서 스윙을 당겨치는 것입니다.

이러면 스윙이 당겨져 공이 엄청 짧게 가고, 때로는 넘어가지 않습니다.

오른손의 힘은 쓰지 않고 왼손으로 멀리 치시는 것이 좋습니다.

백핸드는 '왼손으로 치는 포핸드'라는 사실을 반드시 기억하셔야 합니다.

다섯 번째 실수는 폴로 스루 후 라켓면이 어깨 밑으로 떨어지는 것입니다. 백핸드는 라켓이 무조건 끝까지 올라와야 공이 넘어갑니다. 라켓이 밑으로 떨어진다면 공이 네트 쪽으로 곤두박질치기 때문에 항상 주먹이 귀 쪽으로 올라오는 것이 좋습니다.

여섯 번째 실수는 임팩트 타점이 늦어지는 경우입니다.
임팩트는 앞발보다 살짝 앞에서 이루어지는 것이 좋습니다.
타점이 늦으면 대부분 실수를 하기 때문에 포핸드보다는 조금 더 일찍 임팩트를 한다는 느낌으로 하시면 됩니다.

일곱 번째 실수는 체중이 뒤로 빠져 배가 하늘로 보이는 자세입니다.
이렇게 되면 공도 하늘로 뜨고, 공에 힘을 다 주지 못하여서 공이 약하게 상대방에게 넘어갑니다.
항상 임팩트 시 체중을 앞발에 두는 것을 잊지 말아야겠습니다.

여덟 번째 실수는 백핸드가 너무 어렵다고 생각하고 자신감 없는 것입니다.

아홉 번째 실수는 몸통이 정면을 향하고 있는 자세입니다.
백핸드도 항상 칠 때는 왼쪽으로 몸이 돌아가 있어야 합니다.

PART III

백핸드(backhand)

3. 백핸드 초보자들을 위한 조언

1. 백핸드 스윙 준비

1) 그립을 정확하게 잡는다.

• 버드캡 1번 기준으로 왼쪽 한 칸 이동하여 엄지손가락과 검지손가락을 'V'자로 만들어 라켓을 잡아준다.

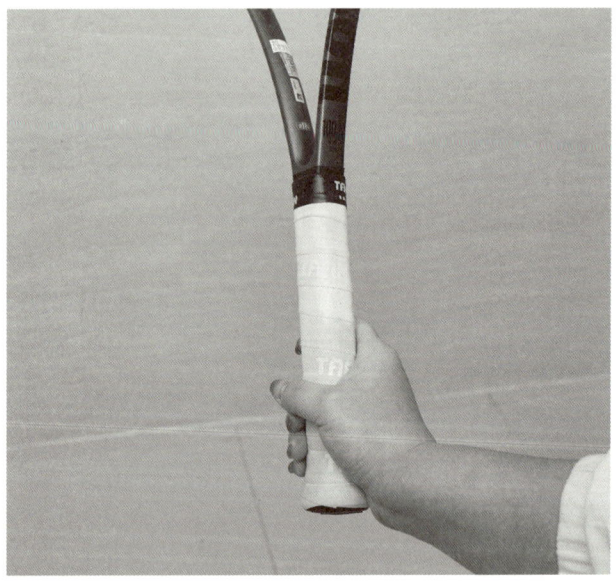

2) 빠른 발동작이 요구된다.

- 상대가 공을 칠 때 방향을 잡고 움직여라.
- 가능한 빨리 움직여야 한다. 움직여서 적절한 거리를 맞춰야 한다.

3) 온 몸에 힘을 빼야한다.

- 초보자들에게 흔히 볼 수 있는 공통적인 실수는 스윙에 너무 힘이 들어가서 스피드(speed)가 빠른 경향이 있다는 것이다.
- 릴랙스(relax)하게 쳐서 안정성을 높여야 한다. 안정성 위주로 스윙하라.
- 스윙은 천천히 한다. 볼을 바르게 때리기 위해서는 라켓을 보다 천천히 스윙하도록 노력하라.

PART Ⅲ-3 백핸드 초보자들을 위한 조언

2. 백핸드 백스윙

1) 미리 백스윙을 한다.
- 이동할 때부터 미리 백스윙을 한다.
- 볼이 바운드 되기 전에 백스윙을 완료한다.
- 백스윙된 상태에서 공을 기다려야 한다.

2) 라켓을 뺄 때 라켓이 열리지 않게 하고 손목을 고정한다.
- 라켓이 열린 상태로 백스윙하면 임팩트 때도 열린다.
- 손목이 'L'가 되게 한다.
- 팔꿈치를 뒤로 땡기는 기분으로 백스윙한다. 팔꿈치와 몸통 사이의 거리는 5~8cm 정도가 적당하다.

3) 앞쪽 어깨를 충분히 돌려야 한다.
- 강한 스윙을 위해 어깨를 돌리면서 몸을 최대한 돌린다. 상반신을 잘 돌리지 않아 백스윙이 불충분하면 파워를 부여할 수 없다.
- 앞쪽 어깨가 턱 밑에 올 정도로 돌려준다.
- 앞쪽 어깨를 넣고 어깨 위로 공을 본다. 앞쪽 어깨가 타구점을 가리킬 때까지 몸을 돌린다.

4) 양 어깨는 수평이어야 한다.
- 라켓을 뒤로 뺄 때 양 어깨도 동시에 돌린다.
- 한쪽 어깨가 올라가면 안된다.

5) 백스윙을 충분히 길게 하라.

- 가능하면 라켓을 훨씬 뒤로 가져가 야한다. 라켓을 상대방에게 거의 보이지 않을 정도로 뒤로 뺀다.

3. 백핸드 임팩트 준비

1) 공을 주시하라.
- 타구를 주시하라.
- 상대편을 주시하는 것이 아니라 볼을 주시하라.

2) 보폭을 넓게 하고 공과의 거리를 맞춘다.
- 백핸드의 컨트롤이 나쁘고 불안정한 것은 대부분 볼을 몸으로부터 너무 떨어져서 치기 때문이다.
- 물론, 볼과 너무 가까워도 안된다.

3) 자세를 낮추고 무릎을 구부린다.
- 무릎을 구부려 '지면 반력'을 이용한다.
- 칠 곳으로 이동하는 과정에서부터 무릎을 낮춘다.

4) 앞발을 오픈시켜야한다.
- 내딛는 앞발은 닫지말고 열려야 한다.
- 발끝이 열려야 허리가 돈다.

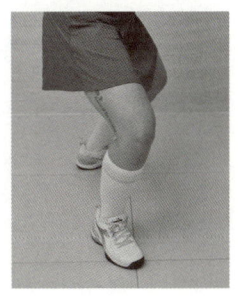

5) 앞발에 체중이동하며 디뎌야 한다.
- 앞발을 디디고 쳐야 힘이 실린다.
- 스윙부터 임팩트, 폴로 스루에 걸쳐서 체중을 계속 앞발에 둔다.
- 백핸드의 컨트롤이 나쁜 것은 체중의 위치가 잘못되어 있기 때문이다.

6) 라켓이 밑에서 위로 올라가면서 스윙한다.
- 스윙은 항상 아래에서 위로 이루어져야 한다. 비행기 이륙하듯이 스윙한다.
- 백스윙이 끝났을 때 라켓 헤드를 약간 떨어뜨리면 도움이 된다.
- 왼손목을 내렸다가 올려주는 느낌으로 한다.

- 공을 때리지 말고 밑에서 위로 올라오듯이 해야 탑스핀이 걸린다. 그래야 네트는 넘기되 코트 안에 떨어질 확률이 높아진다.

4. 백핸드 임팩트

1) 전방에서 임팩트한다.
- 특히 백핸드는 앞에서 임팩트가 이루어져야 한다. 포핸드와 같은 타점에서는 너무 늦다.
- 앞발보다 20~30cm 앞에서 임팩트 한다. 10시 방향에서 임팩트 한다.
- 대각선으로 치려고하면 더 앞에서 임팩트 한다.

2) 타이밍이 늦으면 안된다.
- 타이밍이 중요하다. 백핸드는 타이밍이 생명이다.
- 좋은 타이밍은 풋워크와 위치선정이 좌우한다.
- 공을 기다리지 말고 정점에서 내려오자마자 임팩트 한다.

3) 왼손이 리드한다.(오른손잡이인 경우)
- 왼손이 70%, 오른손이 30%.
- 백핸드는 왼손으로 치는 것이다. 왼손으로 포핸드 치듯이 한다.

4) 공과 라켓은 임팩트 시 직각이 되어야한다.
- 임팩트시 왼팔을 뻗어 공과 라켓이 직각이 되게 한다.
- 공이 라켓에 맞을 때는 오픈되지 않고 공과 직각이 되어야 한다. 라켓이 열리면 절대 안된다.

- 공보다 아래에서 올라오면서 임팩트가 되기 때문에 라켓을 약간 숙여야지 공이 라켓에 맞을 때 정면으로 맞게 된다. 라켓을 약간 숙이지 않으면 공이 공중으로 떠버린다.

5) 라켓면에 공이 맞는 시간을 길게 하여 공에 힘을 실어야한다.
- 공이 라켓에 접촉하는 시간이 길어야한다.
- 공이 묵직하게 맞아야하고 빗겨 맞으면 안된다.
- 공을 밀어서 힘을 실어주지 않으면 상대에게 easy ball을 주는 것이 된다. 힘을 실어야 상대가 타점 맞추기 힘들게 된다.

6) 밀어쳐야한다.

- 땡기지 말고 밀어쳐야한다. 치고나서 라켓을 땡겨버려서 스윙궤도(arc)를 줄이지 말고 끝까지 밀어서 스윙궤도(arc)를 크게 한다고 생각하라.
- 볼을 앞으로 밀어 내듯이 한다. 볼을 끝까지 견고하게 밀어쳐라.

7) 어깨와 허리가 회전한다.

- 몸으로 쳐야한다.

5. 백핸드 폴로 스루

1) 헤드 업(head up)을 하지마라.
- 치고나서도 임팩트 지점을 봐야지 일찍 고개를 들면 안된다. 상대편을 일찍 쳐다보지 마라.
- 타이밍을 잘 맞추려면 볼이 라켓 타면에 맞는 소리를 들을 때까지 볼에서 눈을 떼지 않도록 해야 한다. 대부분 임팩트의 40~50cm 앞에서 이미 눈을 떼는 경우가 많다.

2) 헤드 끝에 달린 추를 던진다는 느낌으로 라켓을 목표를 향해 던져라.
- 임팩트 후 라켓을 내리지 말고 올려라.
- 라켓을 찍어 내리면 안된다. 위에서 아래로 찍어내리듯이 스윙하면 안된다.

3) 무릎이 구부러진 상태였다가 무릎이 펴지면서 스윙한다.
- 일어나면서 친다.

4) 체중이 앞쪽으로 이동한다.
- 스윙 후 뒷발이 따라오며 앞으로 나아간다.
- 폴로 스루 시점에 몸이 젖혀져서 체중이 양발의 뒷꿈치에 있는 경우가 많은데 이는 잘못이다.

5) 치다가 멈쳐서는 안된다.
- 끝까지 스윙을 해야 한다.

6. 백핸드 피니시

1) 무릎이 펴지면서 일어난 상태에서 피니시한다.
- 배를 앞으로 내밀면서 피니시가 되어야 한다.
- 피니시가 완전히 되어야 공이 뜨지 않는다.

2) 라켓을 어깨에 걸치게 된다.

3) 피니시하고나서 다음 동작을 준비한다.

- 스트로크가 끝나면 스플릿 스텝(spilt step)으로 다시 뛰면서 준비 자세로 복귀한다.
- 자기의 스윙에 감탄하여 그대로 우두커니 서 있어서는 안된다.
- 때리고는 달려라. 계속 움직여야 한다.

백핸드 연속동작

백핸드 실전 스윙에
관한 유튜브 영상

Part Ⅲ. 백핸드

백핸드 특강
빠르고 쉽게 하는 방법

백핸드 특강
초보자가 자주하는 흔한 실수

다운더라인
@downtheline_tennis
테린이에 의한 알기 쉬운 테니스 레슨 코칭
구독

QR코드 사용방법

 → →

1. 기본 카메라 앱을 열어주세요.
(애플/안드로이드 동일)

2. 화면에 맞춰 사진을 찍는 것처럼 QR코드를 화면 중앙에 배치합니다.

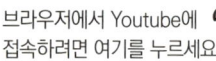
3. 위와 같이 나타나는 창을 누르면 영상이 유튜브에서 재생됩니다.
(애플도 팝업창 열기를 해주세요.)

PART IV 발리 Volley

1. 포핸드 발리 기본 스윙
2. 백핸드 발리 기본 스윙
3. 테린이가 범하는 흔한 포핸드 발리 실수
4. 테린이가 범하는 흔한 백핸드 발리 실수
5. 발리 초보자들을 위한 조언

tennis

PART IV

발리(Volley)

1. 포핸드 발리 기본 스윙

포핸드 발리 실전 스윙에
관한 유튜브 영상

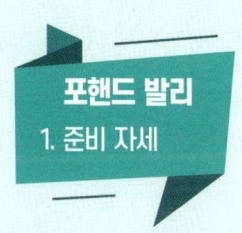

포핸드 발리
1. 준비 자세

주먹을 배꼽 위치에 두고
라켓의 넥(neck) 부분 잡기

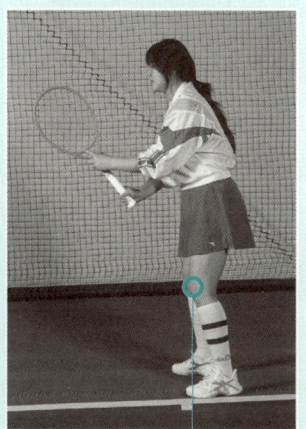

다리는 어깨넓이보다
더 넓게 벌리기

무릎을 낮추기

포핸드 발리 준비 자세를 하실 때는 발리 그립으로 잡고, 주먹을 배꼽 위치에 두세요.

발을 항상 어깨 넓이보다 더 넓게 벌려주시고, 왼손은 라켓의 넥(neck)부분을 잡습니다.

그리고 무릎은 낮춰주세요.

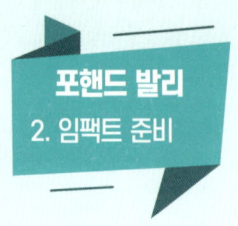

주먹을 어깨 높이까지 들기

라켓 헤드를 뒤쪽으로 살짝 눕히기

임팩트 준비단계에서는 라켓을 들 때 주먹을 어깨 높이까지 들어주세요. 이때 라켓 헤드를 뒤쪽으로 살짝 눕혀주세요.

라켓이 내 머리보다 뒤로 넘어가지 않도록 주의해 주시면 됩니다.

라켓 헤드만 뒤로 젖혀주시고, 주먹이 어깨 뒤쪽으로 넘어가지 않도록 주의가 필요합니다.

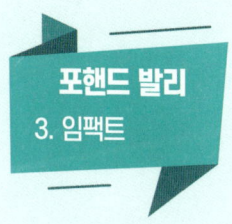

포핸드 발리
3. 임팩트

상체와 함께 라켓을 대각선으로 내리기

임팩트 후 라켓 헤드가 무릎을 지나가지 않게 왼손으로 막아주기

왼발은 런지 느낌으로 넓게 앞쪽으로 딛기

임팩트 단계에서는 상체와 함께 라켓을 대각선으로 같이 내려주세요. 이때 앞에 있는 공을 내려치는 느낌이 아니라 나에게 오는 공을 내 체중으로 눌러준다는 느낌으로 스윙을 해 주세요. 발리는 스윙을 하는 게 아니라 '막아준다. 눌러준다.'는 느낌으로 하는 게 중요합니다. 발리는 백스윙도 없고 폴로 스루도 없습니다.

그리고 임팩트 후 라켓 헤드가 무릎을 지나가지 않게 왼손으로 막아주시고, 바닥으로 떨어지지 않게 해주세요. 왼발은 런지 느낌으로 넓게 앞쪽으로 디디면 됩니다.

포핸드 발리 실전 스윙에
관한 유튜브 영상

 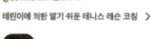 

QR코드 사용방법

 → →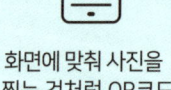

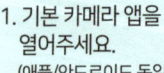

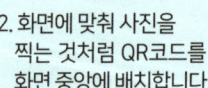

1. 기본 카메라 앱을 열어주세요.
(애플/안드로이드 동일)

2. 화면에 맞춰 사진을 찍는 것처럼 QR코드를 화면 중앙에 배치합니다.

3. 위와 같이 나타나는 창을 누르면 영상이 유튜브에서 재생됩니다.
(애플도 팝업창 열기를 해 주세요.)

발리(Volley)

2. 백핸드 발리 기본 스윙

백핸드 발리 실전 스윙에 관한 유튜브 영상

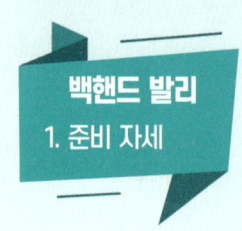

라켓의 넥(neck) 부분을 잡기

무릎을 낮추기

다리를 어깨넓이 보다
더 넓게 벌리기

백핸드 발리 준비 자세를 하실 때는 발리 그립으로 잡고, 다리도 어깨 넓이보다 더 넓게 벌려주세요.

왼손으로 라켓의 넥(neck) 부분을 잡아주시면 됩니다.

그리고 무릎을 낮춰주세요.

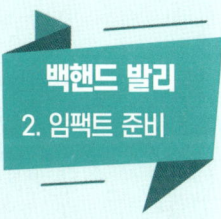

시선은 항상 공을 쳐다보기

주먹을 어깨 높이까지 들기

라켓 헤드를 15°정도 뒤로 눕히기

임팩트 준비 단계에서는 주먹을 어깨 높이까지 들어주시며, 라켓 헤드를 뒤로 15° 정도 눕혀주세요. 포핸드 발리보다 살짝 더 눕혀주셔도 괜찮습니다.

이때 골반은 왼쪽으로 같이 틀어주시면 됩니다.

시선은 항상 공을 쳐다보고 있어야 하겠습니다.

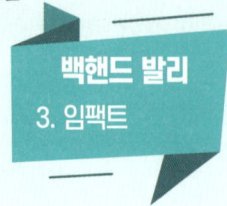

백핸드 발리
3. 임팩트

오른손은 앞쪽으로, 왼손은 뒤쪽으로 서로 역작용을 하듯이 뻗기

오른발이 공을 맞힘과 동시에 앞으로 쭉나오기

체중을 앞발에 두기

임팩트 할 때는 오른발이 공을 맞힘과 함께 동시에 런지하는 느낌으로 앞으로 넓게 나와주세요.

오른손은 앞쪽으로, 왼손은 뒤쪽으로 서로 역작용을 하듯이 뻗어주세요.

그리고 공이 맞고 나서 라켓 헤드 끝이 무릎 앞을 지나지 않게 하세요.

백핸드 발리는 포핸드 발리보다 손목에 힘이 많이 들어가는 자세로서 항상 끝까지 손목에 힘을 줘야 합니다.

그리고 체중이 앞발에 걸려 있는지 확인해 주세요.

백핸드 발리 실전 스윙에
관한 유튜브 영상

 **다운더라인**
@downtheline_tennis
테린이에 의한 알기 쉬운 테니스 레슨 코칭

QR코드 사용방법

 → →

1. 기본 카메라 앱을
   열어주세요.
   (애플/안드로이드 동일)

2. 화면에 맞춰 사진을
   찍는 것처럼 QR코드를
   화면 중앙에 배치합니다.

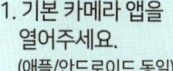 **웹페이지**
브라우저에서 Youtube에
접속하려면 여기를 누르세요.

3. 위와 같이 나타나는 창을
   누르면 영상이 유튜브에
   서 재생됩니다.
   (애플도 팝업창 열기를 해 주세요.)

PART IV

발리(Volley)

3. 테린이가 범하는 흔한 포핸드 발리 실수

첫 번째 실수는 라켓면을 뒤쪽으로 최대한 많이 빼는 실수입니다.
이렇게 되면 상대방이 빠르게 친 공을 받을 수 없어 공을 흘려보내거나, 타점이 늦어 맞추더라도 상대방에게 공격당할 확률이 높습니다.
발리는 백스윙이 없다고 생각하시고 절대로 라켓을 뒤로 빼시면 안 되겠습니다.

두 번째 실수는 라켓면을 뒤쪽으로 많이 눕혀 준비하는 것입니다.
라켓면을 뒤로 많이 눕히면 공이 너무 얇게 맞아 상대방에게 위압감을 주지 못할뿐더러 공을 맞추기가 어렵습니다.

그리고 라켓면은 많이 눕히는 것이 아니고 10~15° 정도 눕히는 것이 좋습니다.

발리는 기본적으로 스윙을 하는 게 아니라 오는 공을 막아준다는 생각으로 하며, 라켓을 너무 뒤로 젖혀버리시면 안 되겠습니다.

세 번째 실수는 준비할 때 라켓면을 얼굴 앞에 정면으로 들고 있는 자세입니다.

이렇게 들고 있으면 얼굴 앞에 오는 공은 막기 쉬우나 백핸드 발리나 포핸드 발리로 공이 옆으로 빠졌을 때 대처하기가 어렵습니다.

항상 그립을 확인해서 포핸드 그립이 아니라 백핸드 그립으로 잡아주는 게 중요하겠습니다.

네 번째 실수는 라켓을 덮은 상태에서 조금만 빼는 스윙입니다.

이렇게 되면 공이 맞았을 때 우리 쪽 코트로 곤두박질치게 됩니다. 따라서 라켓 헤드가 살짝 뒤로 눕혀 있는 게 좋습니다.

다섯 번째 실수는 스윙이 끝나고 나서 체중이 뒤로 빠져 있는 스윙입니다.
이렇게 되면 공이 높이 떠서 가기 때문에 상대방이 다시 공격하기 쉽게 될뿐만 아니라, 다음 스윙 준비가 어려워 다음 공을 대처하기가 어렵습니다.

여섯 번째 실수는 왼발이 앞으로 나가지 않는 경우입니다.
왼발을 앞으로 내디디며 힘을 실어줘야 공이 깔려서 가게 되는데, 팔로만 치게 되면 공이 넘어가더라도 공격하기 쉬운 공이 되어 상대방한테 역공당할 가능성이 있습니다. 항상 앞발에 체중을 두면서 임팩트 하는 게 중요하겠습니다.

일곱 번째 실수는 공과의 거리를 제대로 맞추지 못해서 공과 너무 가깝거나 너무 멀어서 라켓 헤드에 공을 맞히지 못하는 것입니다.
만약 공이 내 몸과 너무 멀다면 아예 처리하지 않는 게 좋습니다. 발리는 나한테 온 공을 그냥 막는다는 느낌으로만 하시면 됩니다.

여덟 번째 실수는 스플릿 스텝(split step)을 하지 않는 것입니다.
스플릿 스텝(split step)은 상대방이 공을 치기 전에 내가 어느 방향으로든 방향을 전환할 수 있게 준비하는 것입니다.

아홉 번째 실수는 임팩트 후에 그 다음 동작을 준비하지 않는 것입니다.
발리는 다음 공이 빨리 올 수 있으므로 항상 그 다음 준비를 해야합니다. 스윙 후 준비 자세를 잡고 스플릿 스텝(split step)을 하시면 됩니다.

열 번째 실수는 스윙을 하려고 하는 겁니다.
발리는 절대 스윙을 하는 게 아니라 막아준다는 것을 잊지 말아야겠습니다.

발리(Volley)

4. 테린이가 범하는 흔한 백핸드 발리 실수

첫 번째 실수는 주먹을 너무 높이 들어 낮은 공을 처리하지 못하는 것입니다.

항상 준비는 어깨 높이까지만 주먹을 들어주시는 게 좋습니다.

두 번째 실수는 몸을 너무 많이 틀어 백핸드를 하는 것처럼 준비하는 자세입니다.

발리는 앞에서 막아준다는 개념이므로 몸을 너무 많이 돌리지 않고 항상 내 얼굴 앞에까지만 라켓 헤드를 들어주시는 게 좋습니다.

세 번째 실수는 라켓 헤드를 밑으로 많이 내리는 스윙입니다.
라켓 헤드를 너무 많이 밑으로 내리게 되면 높은 공은 처리할 수가 없습니다. 항상 라켓 헤드는 올리되 자세를 낮추는 것이 좋습니다.

네 번째 실수는 한 손으로 얼굴 앞만 막고 있는 스윙입니다.
백발리는 오른손으로만 처리할 수 없으므로 왼손으로 항상 라켓 헤드 넥(neck) 부분을 잡고 상호작용을 하는 수행이 중요합니다.
한 손으로만 얼굴 앞을 막고 있다면 금방 손목을 다쳐 테니스를 칠 수 없게 됩니다.

다섯 번째 실수는 팔꿈치는 들고 라켓 헤드는 내리는 자세입니다.
팔꿈치는 들고 라켓 헤드만 내린다면 시야를 팔이 가려 공이 안 보일뿐만 아니라 공이 하늘로 높이 뜨기 때문에 상대방에게 공격을 당할 확률이 높습니다.

여섯 번째 실수는 임팩트를 하면서 오른발이 앞으로 나가지 않는 경우입니다.
발리를 할 때는 체중 이동을 앞발에 충분히 둠으로써 공에 힘을 실어주는 게 좋겠습니다.

일곱 번째 실수는 오른발이 나오지 않고 제자리에서 손목으로만 '까딱' 치는 경우입니다.

여덟 번째 실수는 자세를 잡지 않고 한 손으로만 '통통' 치는 자세입니다.
발리는 내 힘으로 같이 눌러줘야 상대방한테 위협적이기 때문에 항상 내 체중을 앞쪽으로 이동해서 눌러준다고 생각하시면 됩니다.

발리(Volley)

5. 발리 초보자들을 위한 조언

1. 발리 그립과 자세

1) 그립을 정확하게 잡는다.
- 버드캡 1번 기준으로 왼쪽 한 칸 이동하여 엄지손가락과 검지손가락을 'V'자로 만들어 라켓을 잡아준다.

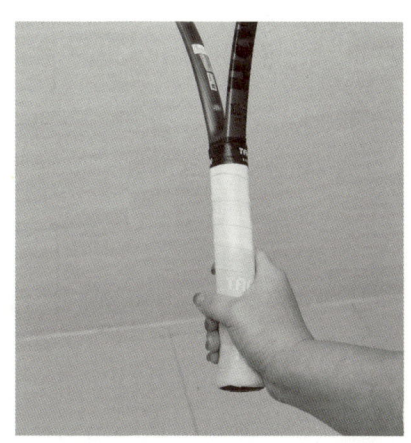

2) 그립을 수시로 체크하라.
- 그립이 뒤틀리면 공을 정확히 보낼 수가 없다.
- 치다보면 그립이 오른쪽으로 돌아가는 경향이 있으므로 다시 제대로 잡아야한다.
- 발리에 안정성이 없다면 그립에 문제가 있기 때문이다. 그립이 너무 느슨해서 손아귀 안에서 라켓이 놀기 때문에 임팩트때 타면이 일정하지 않기 때문이다.

3) 중요한 순간에만 그립을 단단히 잡는다.
- 스트로크 처음부터 그립을 단단히 잡고 있으면 안된다. 중요한 순간에만 그립에 힘을 넣는다.
- 그립이 견고하면 라켓이 놀지 않고, 타면도 일정하므로 원하는 방향으로 볼이 나간다.
- 볼이 강하거나 높고 까다로울수록 그립을 단단히 잡아 손목을 고정하라.

4) 라켓을 들고 대기한다.
- 라켓을 눈높이만큼 올린다. 라켓을 아래로 내리면 안된다.
- 라켓 헤드는 손목보다 높게 해야 한다.

5) 왼손으로 라켓의 목(neck)을 잡는다.
- 왼손으로 라켓 목(neck)을 잡아 들어 올리거나 뒤로 빼는데 보조한다.
- 스윙을 하고나면 왼손으로 라켓을 다시 잡아준다.

6) 민첩성과 예측력이 필요하다.
- 늦으면 안된다.
- 엑셀을 힘껏 밟은 자동차와 같이 단숨에 나아가지 않으면 안된다.
- 명사수처럼 짧고, 빠르게 한다.
- '민첩성, 자신감, 공격성'이 좋은 발리를 하기 위한 중요한 요소이다.

7) 자세를 낮추고, 체중을 양발의 앞쪽에 두고, 네트 가까이에서 준비 자세를 취한다.

2. 발리 스윙 준비

1) 볼을 항상 주시한다.
- 볼에 시선을 잃지 않도록 하는 것이 중요하다.
- 몸을 아래로 숙인다면 볼에서 시선을 잃지 않게 될 것이다.
- 급하게 치지 말고 템포를 공의 속도에 맞춰라. 천천히 오는 공은 천천히, 빨리 오는 공은 준비는 빨리 하되 임팩트에서는 천천히 정확히 하라.

2) 발리 전에는 항상 제자리 점프(스플릿 스텝(split step))를 하며 공 방향을 주시한다.
- 달려와서 발리할 때도 점프를 하여 양발을 디딘 후 앞발이 나가면서 임팩트 한다.

3) 라켓 헤드를 15° 각도로 젖힌다.
- 발리는 라켓 헤드만 젖힌다.
- 라켓 엔드(end)는 앞에 있어야 한다.
- 항상 라켓 헤드를 15° 정도 대각선으로 젖힌다.

4) 라켓이 시야에서 벗어나면 안된다.

5) 첫 스텝은 볼이 들어오는 쪽으로 발을 움직이는 것이다.
• 포핸드 발리는 오른발이 '하나'이다. '둘'에 왼발을 앞으로 내딛는다.

6) 상대 발을 조준하라. 발리는 세기보다는 방향이 중요하다.
- 서브 라인에 떨어지게 짧게 친다. 복식에서는 앞사람의 발을 조준한다.
- 센터를 겨냥하라.
- 비어있는 곳을 겨냥하라.

7) 퍼스트(first) 발리로 확실히 공격하라.
- 네트에서 좋은 위치를 차지했을 때 그 찬스를 절대로 놓쳐서는 안된다.
- 만약 상대방이 무난히 볼을 잡게 되면 입장이 뒤바뀌게 된다. 무서운 패싱으로 공격해 올 것이다.

8) 낮은 발리는 라켓을 낮게 빼라.

- 낮은 공은 자세도 낮게, 무릎도 낮게, 몸도 낮게, 라켓도 낮게 빼야 한다.
- 낮은 발리 처리에서 중요한 것은 라켓 헤드를 손목보다 내리지 않는 것이다. 결코 스푼(spoon)으로 떠올리듯 하지 말아야 한다.
- 낮은 공은 무릎으로 랠리한다고 생각하라.
- 허리만 구부려서는 안된다. 전체적으로 자세를 낮게 해야 한다.

- 특히 뒤쪽 무릎은 코트 지면에 닿을 정도로 낮게 구부린다.
- 몸을 구부리지 않고 라켓의 헤드 부분만을 볼 높이까지 내린다면 실수가 많다.

9) 높은 발리는 되도록 빨리 타구하라.
- 높은 발리는 라켓을 내리지 말고 앞으로 쭉 밀어준다. 라켓을 너무 아래로 내리지 않는다.
- 높은 백핸드 발리는 주저하지 마라.

10) 몸쪽으로 오는 발리는 몸을 옆으로 빼면서 막는 느낌으로 한다.

3. 발리 임팩트 준비

1) 발리는 백스윙이 없다. 라켓을 뒤로 빼면 안된다.
- 라켓을 뒤로 과하게 빼면 절대 안 된다. 발리는 라켓을 뒤로 빼서 백스윙하는 것이 아니다.
- 손목이나 팔꿈치가 뒤로 빠지면 빠른 공에 반응하지 못한다.
- 특히 맞발리는 라켓을 빼면 늦다.
- 세게 치려고 하면 많이 빼게 된다. 세게 치려고 해서는 안된다.

2) 등뒤에 벽이 있는 기분을 가져라.
- 바로 뒤에 벽이 있으면 라켓을 자신의 어깨보다 뒤로 뺄 수 없다.
- 백스윙을 하면 안된다. 절대 뒤로 빼면 안된다.

3) 라켓이 어깨보다 더 뒤쪽으로 나가면 안된다.
- 팔꿈치가 뒤로 빠지지 않는다.
- 손목이나 팔꿈치가 뒤로 빠지면 발리는 반응하지 못한다.

4. 발리 임팩트

1) 임팩트는 전방에서 이루어진다.
- 라켓은 항상 전방에 위치한다.
- 앞발 앞 15cm 지점에서 임팩트가 이루어진다.

2) 앞발을 내디디며 임팩트한다.
- 포핸드 발리는 왼발이 나가고, 백핸드 발리는 오른발이 나간다.
- 발리는 '발'이 나가면서 임팩트 한다. 반드시 발이 나가야 한다.
- 힘을 싣기 위해서 발이 나가야 한다.

3) 체중을 앞발에 실어줘야한다.
- '발을 내딛는 거리'가 파워이다.
- 발을 내딛는 소리가 날 정도로 한다.
- 견고한 자세유지와 공에 대한 집착, 정확한 임팩트가 어우러지는 것이 중요하다.

4) 몸이 들어가야한다.
- 라켓만으로만 발리하면 공이 뜬다. 몸이 들어가야 한다.

5) 무릎을 구부려준다.
- 뒤쪽 무릎도 구부린다.
- 앞쪽 발 무릎이 중심을 잡아야 한다.

6) 손목을 고정한다.
- 손목을 움직이지 말고 고정한다. 발리에서는 손목을 사용하지 않는 것이 핵심이다.
- 발리는 버티는 것이다. 손목이 흔들리지 않고 버텨야 한다. 그래야 드라이브 볼도 발리로 받아낼 수 있다.
- 손목을 움직여 치려고 하면 안 된다. 손목 각도가 변하면 안 된다. 손목은 어떠한 경우라도 움직이지 않는다.
- 맞는 순간에도 손목은 고정된다. 라켓의 모양과 각도를 끝까지 유지해야 한다.
- 손목을 단단히 고정시키고 바르게 볼을 맞히기만 해도 볼을 정확히 쳐 낼수 있다.

7) 손목은 움직이지 않고 팔꿈치를 내리듯한다.
- 라켓 엔드(end)를 당겨 내리듯이한다.
- 임팩트시 라켓이 내려오는 것이 아니라 손목을 내려주는 것이다.

8) 공을 라켓 중앙보다 살짝 위에 맞춰라.
- 깍여 맞으면 안된다.
- 라켓이 비스듬하면 안된다.

9) 위에서 아래로 누르는 느낌으로 눌러치고, 끊어쳐야한다.
- 절도있게 권투의 '잽(jab)' 동작처럼 끊어친다.
- 공의 아랫부분을 맞춘다고 생각하라. 공이 라켓 아래부터 타고 올라가면서 임팩트 되는 기분으로 한다.(깎는 것은 아니다. 스핀을 주는 것이 아니다.)

10) 공을 덮는 스윙이 되어서는 안된다. 라켓이 엎어지면 안된다.
- 라켓 헤드를 뒤로 기울이고, 라켓의 각도는 끝까지 유지한다.
- 임팩트 후 라켓을 덮는 것이 아니다. 라켓이 앞으로 숙여져서는 안된다.

11) 발리는 치는 것이 아니다. 발리는 휘두르지 않는다.

- 발리는 치는 것이 아니라 막는 것이다. 막아준다는 느낌만으로 충분하다.
- 휘두르려고 하지 말고 갖다 댄다고 생각하라.
- 일부러 힘줘서 임팩트 하려하지 말고, 벽을 만든다고 생각하며 막아만 줘라.

12) 발리는 절대 세게 쳐서는 안된다.

- 힘줘서 치면 에러가 난다.
- 강하게 오는 공을 강하게 막으면 에러가 난다. 강한 공은 살짝 대준다는 느낌으로 한다.
- 발리는 때리고자하면 실수가 난다.
- 발리는 상대방의 스피드를 이용하는 샷이다. 갖다면 대면 된다.
- 깅하게 쳐려고 손목으로 눌러치면 안된다.

13) 발리는 폴로 스루가 없다.

- 발리는 임팩트 후 더 뻗어주는 것이 아니라 임팩트하면서 스윙을 멈춘다.
- 라켓이 몸 앞을 지나지 않을 정도로 한다.
- 치고나서 시선을 타점에 1초 더 둔다고 생각한다.

14) 포핸드 발리는 임팩트 후 왼손으로 라켓을 잡아준다.

15) 백핸드 발리는 임팩트 후 왼팔을 뒤로 펴준다.

16) 임팩트를 확실히 하고 다시 준비자세를 취한다.
• 치면서 바로 준비자세로 돌아오지 말고 스윙을 끝까지 마무리한다.

포핸드 발리 연속동작

포핸드 발리 실전 스윙에
관한 유튜브 영상

백핸드 발리 연속동작

백핸드 발리 실전 스윙에
관한 유튜브 영상

포핸드 발리 특강
포발리의 기본과 흔한 실수들

백핸드 발리 특강
백발리의 기본과 흔한 실수들

다운더라인
@downtheline_tennis
태창이에 의한 알기 쉬운 테니스 레슨 코칭
구독

QR코드 사용방법

  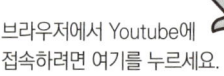 

1. 기본 카메라 앱을 열어주세요.
(애플/안드로이드 동일)

2. 화면에 맞춰 사진을 찍는 것처럼 QR코드를 화면 중앙에 배치합니다.

웹페이지
브라우저에서 Youtube에 접속하려면 여기를 누르세요.

3. 위와 같이 나타나는 창을 누르면 영상이 유튜브에서 재생됩니다.
(애플도 팝업창 열기를 해 주세요.)

PART V 서브 serve

1. 서브 기본 스윙
2. 테린이가 범하는 흔한 서브 실수
3. 서브 초보자들을 위한 조언

tennis

PART V

서브(Serve)

1. 서브 기본 스윙

서브 실전 스윙에
관한 유튜브 영상

서브
1. 준비 자세

공을 가볍게 잡기

뒷발을 살짝 빼주기   왼발에 체중 싣기

서브 준비 자세에서는 왼발에 체중을 항상 실어주세요.

공을 가볍게 잡고 나서 왼발에 체중을 실어준 뒤 뒷발은 살짝 빼준 상태가 준비 자세가 됩니다.

서브
2. 백스윙

허벅지 앞에 공을 들고 있는 왼손을 두기

라켓 헤드를 떨어뜨리기

체중을 오른발에 옮기기

두 번째 단계에서는 왼발에 있던 체중을 오른발로 옮겨주세요. 이때 라켓 헤드를 뒤로 쭉 늘려준다는 느낌으로 떨어뜨린 뒤 왼쪽 허벅지 앞에 공을 들고 있는 왼손을 준비시킵니다.

서브
3. 토스

라켓면이 열리기 않게하기

공을 주시하기

트로피 자세를 만들기
(왼손을 들고 라켓 헤드도 들기)

세 번째 단계에서는 트로피 자세를 만들 수 있도록 왼손을 하늘로 들고, 라켓 헤드도 하늘 쪽을 향해 들어주세요.

이때 무릎을 굽히실 때 상체가 살짝 왼발보다 오른쪽 발에 간다는 느낌으로 합니다. 그리고 공을 봅니다.

라켓을 들어 올릴 때 라켓면이 열리지 않도록 확인해 주세요.

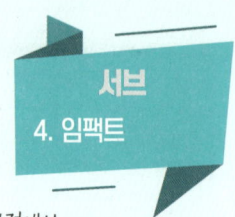

라켓 헤드를 빠르게
떨어뜨린 뒤 위로 뻗기

가장 높은 타점에서
공을 맞추기

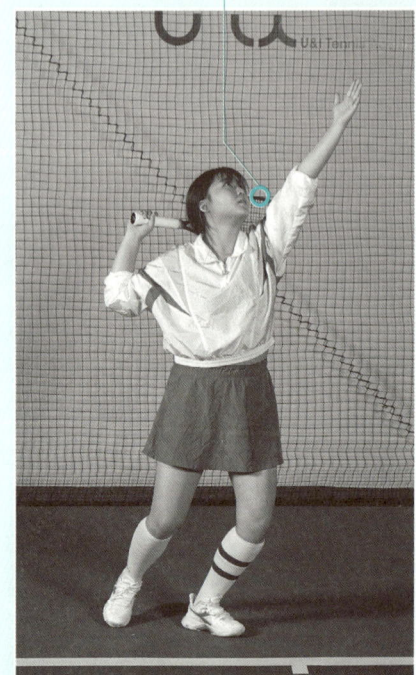

공을 끝까지
주시하기

네 번째 단계는 임팩트입니다.

공을 임팩트 하기 전 순간적으로 세우고 있던 라켓 헤드를 내 뒤통수를 쓰다듬는다는 느낌으로 빠르게 떨어뜨린 뒤 위로 뻗어주세요.

그리고 가장 높은 타점에서 공을 맞힌다고 생각하시며, 라켓면의 윗면에 공을 맞춰주세요.

공을 끝까지 주시하는 것이 중요합니다.

서브
5. 폴로 스루와 피니시

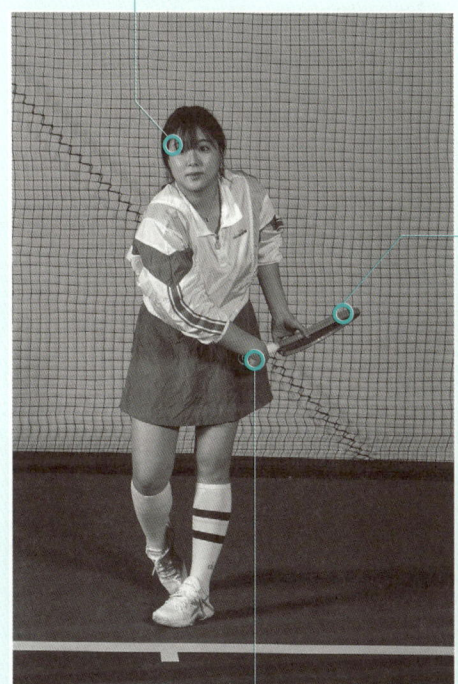

- 공을 끝까지 주시하기
- 라켓을 허리 옆으로 빼기
- 손목끝을 살짝 굽혀 왼쪽 허리로 가져오기

임팩트 후 피니시는 손목 끝을 살짝 굽혀 왼쪽 허리로 가져온다고 생각하고, 끊김 없이 스윙하여 라켓을 허리 옆으로 빼주세요.

이때도 머리를 숙이지 말고 공을 끝까지 바라봅니다.

토스

토스는 왼쪽 허벅지 지점에 손을 놓은 뒤 내가 넣을 방향으로 공을 쭉 올려주시면 됩니다.
공을 올릴 때 본인 키의 2배 높이로 올리면 좋습니다.
그리고 공을 자신의 어깨 높이보다 뒤에서 놓는다면 공이 뒤쪽으로 빠지고, 빨리 놓는다면 앞쪽으로 빠지므로 어깨쯤에서 공을 놓아주시면 토스가 위쪽으로 제대로 올라갑니다.

토스는 충분한 연습을 통해서 일정하게 같은 방향, 같은 곳으로 던지시는 게 가장 중요합니다. 토스기 뒤로 가서도 안 되고, 옆으로 가서도 안 됩니다.
또한, 토스할 때는 공에 회전이 걸리지 않도록 하는 게 중요합니다.

마지막으로 토스한 공이 앞발보다 더 앞쪽에 떨어지게끔 연습하시는 게 필요합니다.

퍼스트(first) 서브와 세컨드(second) 서브

퍼스트(first) 서브는 상대방에게 좀 더 공격적인 서브를 넣는 것이 좋고, 세컨드(second) 서브는 안정성을 위주로 넣는 것이 좋습니다.

퍼스트(first) 서브는 대부분 위에서 아래로 꽂는 느낌의 강력한 서브를 추천한다면, 세컨드(second) 서브는 토스를 살짝 뒤쪽으로 놓은 뒤 스핀을 걸어 코트 안쪽으로 안착시키는 것을 추천합니다.

테린이를 위한 서브 조언

첫 번째로 테린이는 프로선수 같은 서브를 하지 않아도 됩니다. 굳이 센 서브가 아니더라도 넣기만 한다면 게임이 될 수 있으므로 두려워하지 말고 서브를 넣으셔도 됩니다.

두 번째는 미리 라켓 헤드를 등 뒤로 걸쳐놓은 상태에서 토스를 하고 서브를 하는 방법입니다. 테린이가 처음으로 하는 서브는 오히려 이 방법이 훨씬 더 성공 확률이 높으므로 아예 처음부터 라켓 헤드를 등 뒤에 두고 토스를 올린 다음에 치는 것이 편하겠습니다.

서브 실전 스윙에
관한 유튜브 영상

 **다운더라인**
@downtheline_tennis
태린이에 의한 알기 쉬운 테니스 레슨 코칭 ▶

QR코드 사용방법

　→　　→　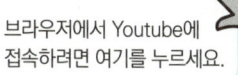 **웹페이지**
　　　　　　　　　　　　　　　　　　　브라우저에서 Youtube에
　　　　　　　　　　　　　　　　　　　접속하려면 여기를 누르세요.

1. 기본 카메라 앱을
열어주세요.
(애플/안드로이드 동일)

2. 화면에 맞춰 사진을
찍는 것처럼 QR코드를
화면 중앙에 배치합니다.

3. 위와 같이 나타나는 창을
누르면 영상이 유튜브에
서 재생됩니다.
(애플도 팝업창 열기를 해 주세요.)

Part V. 서브　159

PART V

서브(Serve)

2. 테린이가 범하는 흔한 서브 실수

첫 번째 실수는 잘못된 토스를 잡지 않고 그대로 스윙하는 것입니다.
토스가 불안정해도 상대방에게 미안해서 서브를 그냥 넣는 분들이 많으신데, 미안하더라도 정확한 스윙을 하는 게 좋으므로 잘못된 토스라면 항상 다시 하시는 게 좋습니다.

두 번째 실수는 포핸드 그립을 잡고 그대로 넣는 것입니다.
백핸드 그립을 잡으면 서브를 넣기 힘들다는 이유로 포핸드 그립을 잡고 서브를 넣는 분들이 있는데, 서브할 때는 반드시 백핸드 그립으로 잡으셔야 합니다.

세 번째 실수는 힘으로 세게 치려고 하는 것입니다.
테린이 입장에서는 서브는 성공만 하면 되는데, 너무 세게만 치려고 하다 보면 실수를 하게 됩니다.
서브 실수가 두 번 연달아서 있어서는 안 되겠습니다.

네 번째 실수는 서브의 루틴을 갖지 않는 것입니다.
서브는 워낙 개인마다 스타일이 다르므로 정해진 왕도는 없다고 할 수 있습니다.
대신 항상 본인만의 루틴이 있어야 경기에서도 당황하지 않고 서브를 성공적으로 할 수 있겠습니다.

다섯 번째 실수는 토스 연습을 많이 하지 않는 것입니다.
서브는 스윙보다 중요한 게 토스라고 생각하면 됩니다.
항상 토스 연습을 많이 해서 스윙을 할 때 좀 더 자신감 있게 하는 것이 중요합니다.

여섯 번째 실수는 너무 낮은 토스의 서브를 그대로 넣는 것입니다.
낮은 곳에서 공을 서브하게 되면 공이 약할뿐더러 네트를 넘기기 못하는 경우가 많기 때문에 항상 최고 높이에서 치는 게 좋습니다.

PART V

서브(Serve)

3. 서브 초보자들을 위한 조언

1. 서브 그립과 자세

1) 그립을 정확하게 잡는다.
- 버드캡 1번 기준으로 왼쪽 한 칸 이동하여 엄지손가락과 검지손가락을 'V'자로 만들어 라켓을 잡아준다.
- 서브 그립과 발리 그립은 동일하다.

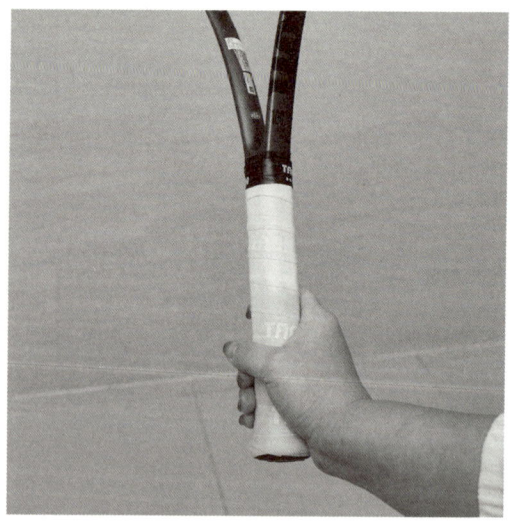

2) 다리는 어깨폭보다 약간 넓게 벌린다.
- 보폭이 너무 좁으면 타점이 일정하지 않고 효과적으로 칠 수 없다.

3) 양 발끝 연결선으로 공을 보낼 코스를 조준하라.
- 양 발끝 연결선이 넣고자하는 조준방향이다.
- 왼어깨가 향하는 방향이 넣고자 하는 방향이다.
- 상대 백핸드를 노려라. 코트 정중앙을 노려라. 상대 몸쪽을 노려라.

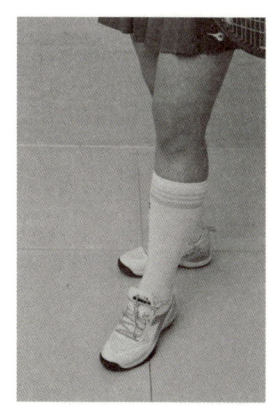

4) 토스는 세 손가락으로 가볍게 잡고 한다.
- 공을 손바닥과 손가락 경계에 두고 올릴 준비를 한다. .
- 손가락 끝으로 볼을 가볍게 쥐어라.

5) 힘을 뺀다.
- 힘껏 때리면 다 걸린다.
- 긴장을 풀고 편안한 심리상태가 필요하다.
- 편안하게 욕심 부리지말고 자신감있게 스윙한다.
- 라켓 무게를 전달하는 느낌으로 스윙한다.
- 유연한 몸놀림이 필요하다.

2. 서브 준비

1) 자신만의 루틴을 가져야한다. 리듬감이 중요하다.

2) 준비할 때 공을 몇 번 튕겨본다.
- 토스 전에 볼을 바운드하며 체중을 앞발에 두는 연습을 한다.
- 정신집중에 큰 도움이 된다.

3) 앞발 중심축이 흔들리지 않아야 한다.
- 앞발을 단단히 디뎌 지면에 붙인다.
- 파워를 주기 위해서는 타구 시에 체중을 앞발에 둘 필요가 있다. 이 체중이동을 잘하기 위해서는 앞발을 단단히 지면에 붙여야 한다.

3. 서브 토스

1) 토스를 앞으로 올려야 한다.
- 15~30cm 앞으로 토스한다.
- 토스된 공이 라켓 하나정도 앞쪽으로 떨어지게 앞으로 토스한다.
- 그 위치에 제대로 올라가지 않으면 다시한번 시도한다.

2) 토스는 어깨의 힘을 이용해서 한다.
- 토스는 팔을 내려서 어깨 힘을 사용하여 들어올린다.
- 왼손을 내리고 수평으로 볼을 위로 올리면서 토스한다.

3) 토스는 허벅지에서 시작한다.
- 왼팔을 충분히 무릎까지 내린후 올린다.

4) 공이 회전이 되지 않게 올린다.
- 공에 스핀이 들어가면 안된다.

5) 토스는 높이 올린다.
- 왼팔을 위로 충분히 뻗어준다. 그래야 낮은 타점에서 치는 것을 해결한다.
- 서브가 약하고 잘 걸리는 것은 움추린 상태에서 치기 때문이다.

6) 볼을 올린후에도 팔을 그대로 들고 있어야 한다.

7) 토스는 항상 같은 높이, 같은 위치가 되어야 한다.
• 서브가 어려운 것은 타점이 일정하지 않기 때문이다.

8) 세컨드(second) 서브는 공을 머리 위로 올린다.
• 세컨드(second) 서브는 스핀 감기듯이 해서 안정적으로 보내기 위함이다.
• 치고나서 라켓을 앞으로가 아니라 옆으로 빼서 스핀을 걸어준다.

4. 서브 백스윙과 임팩트 준비

1) 체중이동을 확실히 한다.
• 왼발 -> 오른발 -> 왼발 -> 양발 모으고 -> 임팩트 후 앞쪽으로 한다.

2) 트로피 자세를 취하라.
• 왼손으로 공을 가리켜라.

3) 라켓 헤드를 내려 등에 얹듯이한다. 등을 긁는 자세를 취한다.
• 백스윙에서 라켓을 등뒤로 충분히 많이 떨어뜨린다.
• 힘을 빼고 라켓을 깊게 떨어뜨린다.

• 라켓을 당긴 다음에는 반드시 팔꿈치를 구부리고 등을 긁는 자세로 라켓을 내리고 여기서부터 머리 위를 향하여 날카롭게 스윙한다.

5. 서브 임팩트

1) 공을 주시하라.
- 시선은 토스 정점의 공을 봐야한다.
- 끝까지 공을 본다고 생각하라. 시선은 임팩트 때까지 계속 공을 주시한다.
- 눈을 떼지 않으면 머리가 빨리 숙여지지 않으므로 몸이 충분히 뻗은 상태에서 볼을 칠 수가 있다.

2) 볼 접촉전에 머리를 숙이지마라.
- 볼이 네트에 자주 걸리는 이유는 라켓이 볼에 접촉하기 전에 볼로부터 눈을 떼기 때문이며, 머리가 숙여지는 것이 원인이다.

3) 무릎의 반동을 이용하라.

- 다리 근육의 힘과 관절을 펼 때 생기는 추진력으로 스윙한다.
- '지면 반력'을 이용한다. 무릎을 구부렸다 펴기가 파워의 시작이다.
- 충분히 무릎을 구부렸다가 펴야한다.
- 무릎 반동으로 몸을 베이스라인보다 앞으로 쑥 내민다.

4) 생각보다 높은 곳에서, 볼이 최고로 올라간 시점에서 임팩트 하라.

- 볼이 정지한 순간에 친다. 볼이 최고로 올라간 시점에서 때려라. 더 쉽고 라켓에 맞추기 쉽다.
- 공은 라켓 헤드의 가운데보다 위쪽에 맞는 기분으로 한다. 서브는 라켓 끝에 공이 맞도록 한다.

5) 라켓이 일직선으로 뻗었을 때 임팩트가 되어야 한다.
- 볼을 치기위해 몸을 뻗었을때는 용수철처럼 펴라.
- 몸통과 팔을 최대한 늘인 상태에서 친다.
- 발목부터 라켓 끝까지 일직선이 되어야한다. 만약 허리를 구부려 몸이 직선이 되지 않으면 아무런 의미가 없다.

6) 몸 앞에서 임팩트가 되어야 한다.
- 상체가 충분히 앞으로 향해야 한다. 몸을 앞으로 기울여야 한다.

7) 앞으로 점프한다.
- 점프도 앞쪽으로 한다.
- 임팩트 후 앞으로 뛰쳐나가야 한다.
- 발로 지면을 차듯이한다. 코트를 밀어내듯이 한다.

8) 손목 스냅으로 임팩트 한다.
- 타구에 최대한의 파워를 주기 위해 라켓이 폴로 스루를 끝낼 때까지 손목을 계속 사용해야 한다.
- 손목 꺾기가 잘되지 않을 때에는 서브하기 전에 볼을 야구 투수처럼 손목을 꺾으면서 던져보는 것이 좋다.

9) 멀리 던지는 느낌으로, 바깥쪽으로 던지듯이 스윙한다.
- 충분히 바깥쪽으로 멀리 뻗어 스윙한다.
- 몸안에서 바깥쪽으로 던지듯이 서브한다.

6. 서브 폴로 스루

1) 폴로 스루를 끝까지한다.
- 임팩트 후 라켓은 그대로 내려와져야 한다.
- 완전한 폴로 스루가 되어야 한다.
- 위력있는 서브를 치기 위해서는 완전한 폴로 스루를 포함한 풀 스윙 (full swing)이 필요하다.
- 스윙의 종점에서는 라켓이 몸통 뒤쪽까지 나가게 된다.
- 허리에서 피니시가 된다.

2) 폴로 스루때도 손목을 왼쪽으로 꺾으면서 내려온다.
- 손목을 계속 사용한다.
- 어깨도 회전한다.

3) 치고나서 스텝이 꼬이지 않게 한다.

서브 리턴(return) 요령

1) 상대 볼이 라켓을 떠나는 순간 '흡'하며 호흡을 들이마신다.
- 시동을 빠르고 유연하게 하기 위해서이다.
- '흡'하는 것은 몸을 돌리기 쉽게 하기 위한 것이며, 몸이 빨리 돌면 그만큼 빨리 백스윙에 들어간다.

2) 라켓을 일찍 뺀다.
- 볼이 움직이는 순간 움직인다.

3) 백스윙은 짧게한다.
- 강한 서브일수록 백스윙은 더욱 짧게 한다.
- 간결한 스윙을 한다.

4) 힘으로 쳐서는 안된다.
- 편안하게, 욕심부리지 말고, 자심감있게 스윙한다.
- 상대방 볼의 힘을 역이용한다. 블로킹하듯이, 발리와 같은 느낌으로 한다.
- 힘으로 받으면 안 된다.
- 발을 충분히 내디뎌야 한다. 팔의 힘만 사용해서는 안 된다.

5) 정확한 라켓면을 만들어 준다.

6) 임팩트 순간 그립을 세게 쥔다.

7) 서브에 따라 위치를 변동한다.
- 퍼스트(first) 서브는 베이스라인에서 대기하고, 세컨드 (second) 서브는 베이스라인 안쪽에서 대기한다.

8) 길고 깊게 리턴한다.
- 안전하게 대각선 방향으로 크로스 리턴(cross return)을 한다.

서브 연속동작

서브 실전 스윙에
관한 유튜브 영상

서브 특강
테린이 탈출 서브 4단계

서브 특강
초보자가 자주하는 서브실수 5

다운더라인
@downtheline_tennis
테린이에 의한 알기 쉬운 테니스 레슨 코칭
구독

QR코드 사용방법

1. 기본 카메라 앱을
열어주세요.
(애플/안드로이드 동일)

2. 화면에 맞춰 사진을
찍는 것처럼 QR코드를
화면 중앙에 배치합니다.

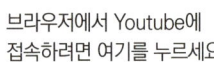 웹페이지

브라우저에서 Youtube에
접속하려면 여기를 누르세요.

3. 위와 같이 나타나는 창을
누르면 영상이 유튜브에
서 재생됩니다.
(애플도 팝업창 열기를 해 주세요.)

PART VI 스매싱 Smashing

1. 스매싱 기본 스윙
2. 테린이가 범하는 흔한 스매싱 실수
3. 스매싱 초보자들을 위한 조언

PART VI

스매싱(Smashing)

1. 스매싱 기본 스윙

스매싱 실전 스윙에
관한 유튜브 영상

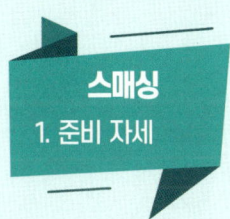

스매싱
1. 준비 자세

라켓을 들고 준비하기

공을 주시하며 공이 떨어질 지점을 확인하기

몸을 옆으로 틀기

스매싱은 공중에 떠있는 공을 치는 것이라 항상 라켓을 들고 준비해 주시면 됩니다. 왼손은 내리고 있어도 상관없으나 몸통은 정면이 아닌 측면으로 틀어주시고 그립은 서브 그립과 똑같습니다.

스매싱 준비 자세에서 중요한 건 상대가 공을 띄웠을 때 바로 몸을 옆으로 틀고 뒤로 물러나서 공이 떨어질 지점을 예상하고 움직이는 것입니다.

스매싱
2. 백스윙

라켓 헤드를 뒤통수를 만져 준다는 느낌으로 떨어뜨리기

공을 끝까지 주시하기

공이 눈앞에 오기 시작하면 움직임을 멈추고 라켓 헤드를 서브 때와 비슷하게 뒤통수를 만져준다는 느낌으로 떨어뜨린 뒤 순간적으로 높이 뻗어주세요.
이때도 공을 끝까지 주시하는 것이 중요합니다.

스매싱은 위에서 아래로 치는 공이라 생각하고, 최대한 높은 곳에서 아래로 꽂아 주세요.

공이 맞을 땐 슬라이스 면으로 맞는다는 느낌이 아니라 정면으로 맞는다는 느낌 입니다.

그리고 공을 맞힐 때는 몸보다 조금 앞쪽에서 임팩트가 되는 게 좋습니다.

스매싱
4. 폴로 스루와 피니시

시선은 정면을 바라보기

라켓을 왼쪽 골반으로 가져오기

서브와 똑같이 왼쪽 골반으로 라켓을 가져와 주세요.

이때 시선은 정면을 바라봐야 합니다.

스매싱 실전 스윙에
관한 유튜브 영상

 다운더라인
@downtheline_tennis
테린이에 의한 알기 쉬운 테니스 레슨 코칭
구독

QR코드 사용방법

     웹페이지
브라우저에서 Youtube에
접속하려면 여기를 누르세요.

1. 기본 카메라 앱을
열어주세요.
(애플/안드로이드 동일)

2. 화면에 맞춰 사진을
찍는 것처럼 QR코드를
화면 중앙에 배치합니다.

3. 위와 같이 나타나는 창을
누르면 영상이 유튜브에
서 재생됩니다.
(애플도 팝업창 열기를 해 주세요.)

 스매싱(Smashing)

2. 테린이가 범하는 흔한 스매싱 실수

첫 번째 실수는 공이 떠서 오고 있는 와중에도 라켓을 내리고 있는 것입니다.
라켓을 내리고 있으면 공이 막상 떨어졌을 때 시간이 없어 치지 못하므로, 항상 라켓은 위로 들고 있어야 합니다.
스매싱을 하려고 생각하는 순간에 일단 라켓을 든다는 것을 기억하셔야 합니다.

두 번째 실수는 움직이지 않고 가만히 제자리에 서서 라켓을 들고 있는 행위입니다.

스매싱은 움직여서 공의 위치를 따라가 맞추는 것이기 때문에 라켓을 들고만 있으면 안 됩니다.

스매싱을 하려면 라켓을 드는 동시에 일단 뒤로 물러나서 공이 오는 것을 바라보고, 임팩트 지점을 예상한 다음에 앞으로 나오면서 임팩트를 하는 게 중요하겠습니다.

세 번째 실수는 움직이지 않고 공이 옆으로 빠졌을 때 그냥 치는 것입니다.
움직이지 않고 가만히 있는 상태에서 상체만 뒤로 숙여 공을 치게 된다면 허리에도 무리가 많이 갈 뿐만 아니라 공을 제대로 맞히기 어려우므로 항상 다리를 움직여주시는 게 좋습니다.
스매싱에서 중요한 건 공을 맞힐 임팩트 지점을 정확하게 예측하는 것입니다. 공의 낙하 지점을 잘 파악해서 정확한 위치에서 임팩트하는 게 중요하겠습니다.

네 번째 실수는 몸을 측면으로 틀지 않는다는 것입니다.
몸이 정면을 향하고 있으면 실수하는 경우가 많으므로, 일단 몸을 옆으로 틀어서 움직여주시는 게 중요합니다. 임팩트 준비 자세에서는 항상 몸을 측면으로 틀어 준비를 하셔야겠습니다.

다섯 번째 실수는 뒤로 넘어가는 공을 욕심을 부려 쫓아가서 치려는 것입니다.
높게 오는 공은 복식인 경우 파트너에게 양보해도 됩니다. 간혹 욕심이 많아 뒤로 오는 공까지 뛰어가서 치려는 분이 있는데 무리해서 치는 게 스매싱이 아닙니다.

여섯 번째 실수는 타이밍이 늦었을 때도 스매싱을 하는 것입니다.
늦었다고 판단이 되면 스매싱을 굳이 하지 마시고, 공이 한 번 바운드된 다음에 포핸드나 백핸드로 치는 것도 현명한 선택이 되겠습니다.

스매싱(Smashing)

3. 스매싱 초보자들을 위한 조언

1. 스매싱 그립

1) 버드캡 1번 기준으로 왼쪽 한 칸 이동하여 엄지손가락과 검지손가락을 'V'자로 만들어 라켓을 잡아준다.

2) 그립을 단단히 고정시켜야 한다는 사실을 명심하라.

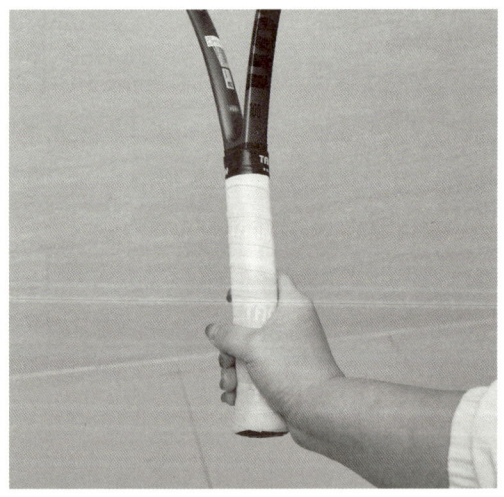

2. 스매싱 백스윙

1) 공의 뜨면 미리 라켓을 들어라. 일찍 준비하라.
• 중요한 것은 빠르게 준비하는 것이다.

2) 공이 떠서 스매싱을 해야겠다고 생각이 들면 이동하면서 라켓을 미리 머리 뒤로 내린다.
• 등 긁는 느낌으로 한다.

3) 상대가 로브를 한다는 것을 감지한 순간 빨리 옆으로 몸을 돌려라.
• 옆으로 돌아서서 왼쪽 어깨가 상대를 향하도록 하고 이동한다.

4) 가능하면 빨리 후퇴하라. 뒤로 후퇴했다가 전진하면 치는 것이 스매싱이다.
• 시간이 있다면 두 걸음 뒤로 물러서라.
• 뒤로 물러서는 동작이 빨라야 한다.
• 테니스 중 유일한게 후진하는 기술이다.

3. 스매싱 임팩트 준비

1) 잔발로 움직여서 거리를 맞춘다.
- 잔발로 이동하면서 낙하지점을 잘 파악해야 한다.
- 공의 위치를 찾아가는 것이 중요하다. 판단이 중요하다.
- 볼 낙하지점선에서 왼쪽으로 30cm 정도에 위치한다.

2) 볼을 기다릴 때 계속해서 위치를 조정하라.
- 잔발을 움직여서 거리를 조준하되 허둥지둥해서는 안된다.
- 초보자들은 네트 위로 오는 볼의 궤도를 주시하고 볼이 어느 높이, 어느 지점으로 가는지 빨리 판단하는 능력을 길러야 한다.

3) 왼손으로 공을 조준하라.
- 왼손으로 공을 가리켜라.
- 임팩트 직전까지 왼손을 올린다고 생각하라.

4) 공을 끝까지 봐야한다.

- 시선을 빨리 떼 버리면 실패한다.
- 뒤로 빠지면서도 공을 주시해야 한다.

4. 스매싱 임팩트

1) 뒤로 빠졌다가 앞으로 나오면서 임팩트 한다.
• 일단 뒤로 빠져야 한다.

2) 앞발을 내디뎌야 한다. 체중을 실어야 한다.

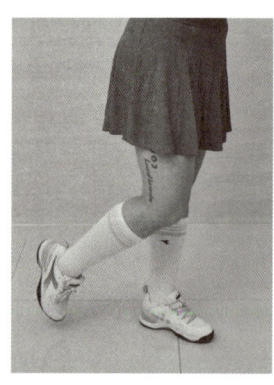

• 체중이동이 되어야 한다.
• 앞발이 지면에서 떨어지면 안된다. 앞발은 닿아 있어야 한다.
• 점프는 불가피한 상황을 제외하고는 피하라.
• 체중을 실어 몸이 타구에 빨려 들어가야 한다.

3) 라켓면을 정확히 만들어 공이 정확하게 맞아야 한다.
• 라켓을 잡은 손목을 내전시켜 라켓을 정면을 향하게 한다.
• 공이 좌측으로 가는 것은 비스듬히 맞기 때문이다.

4) 높은 곳에서 공을 맞춘다.
• 팔을 뻗어서 높은 곳에서 공을 맞춘다.
• 볼을 너무 낮게 두고 쳐서는 안된다.

5) 전방에서 임팩트가 되어야 한다.
- 몸 앞쪽에서 임팩트 한다.
- 라켓으로 볼을 덮어씌우듯 한다.

6) 팔을 충분히 뻗어서 친다.
- 팔을 쭉 뻗어서 마중을 나가야 한다. 기다려서 는 안 된다.
- 볼과 마주칠 때 손, 손목, 라켓은 일직선상에 있 도록 하고 몸은 약간 앞으로 기울어져야 한다.
- 훌륭한 어깨 회전과 팔을 쭉 뻗는 동작과 강한 손목 스냅이 있어야 한다.

7) 볼을 칠 때도 계속 볼을 주시하라.
- 볼에 대한 예리한 집중력을 발휘하는 것이 무엇보다 중요하다.
- 실패의 원인은 시선을 빨리 떼어버리는 것 이다.

8) 간결한 스윙이 중요하다.
- 서브 넣을때처럼 크게 휘두르는 스윙을 할 경우 시간적 여유를 갖지 못한다.
- 힘껏 내려치는 게 스매싱이라고 생각해 각도를 너무 주면 안된다.

9) 강한 손목 스냅으로 내려꽂아야 한다.
- 공을 맞추고 내려꽂듯이(내려 누르듯이) 한다.
- 타점을 앞에 두고 손목 스냅을 사용하여 라켓 헤드부터 휘두른다.
- 라켓 끝을 내리는 기분으로 한다.

10) 서브와는 다르게 공은 라켓 중앙에 맞아야 한다.

11) 타이밍이 중요하다.
- 파워보다는 타이밍이다. 타이밍이 늦지 않게 한다.
- 라켓 최고 정점에서 공이 맞아야한다.

12) 힘을 빼야한다. 세게 치려고하면 안된다.
- 너무 세게 치려고 욕심을 부리지 말아야한다.
- 크게 휘둘러서는 안된다.

13) 여의치 못하면 치지마라.
- 여의치 못하면 볼이 바운드되게 내버려두어 바운드 후 볼을 치는 것이 좋다.

14) 생각이 많거나 욕심이 많으면 실수한다.

6. 스매싱 폴로 스루

1) 임팩트 후 공을 누르는 느낌으로 30cm 앞으로 진행하라.
- 끝까지 내려주는 느낌으로 한다.
- 볼이 라켓에 임팩트된 후 손목 스냅을 계속 가한다.

2) 속도를 줄이지 말고 완전한 폴로 스루를 하라.
- 왼쪽 허리쪽으로 자연스럽게 내려온다.
- 폴로 스루를 너무 일찍 멈추면 라켓의 속력이 줄어드는 결과가 초래된다.
- 라켓 헤드가 뒷펜스를 향한 상태에서 끝나도록 완전한 스윙을 하라.

스매싱 연속동작

스매싱 실전 스윙에
관한 유튜브 영상

스매싱 특강
강력한 스매싱에
관한 유튜브 영상

 **다운더라인**
@downtheline_tennis
테린이에 의한 알기 쉬운 테니스 레슨 코칭
구독

QR코드 사용방법

  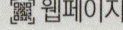 **웹페이지**

1. 기본 카메라 앱을 열어주세요.
   (애플/안드로이드 동일)

2. 화면에 맞춰 사진을 찍는 것처럼 QR코드를 화면 중앙에 배치합니다.

브라우저에서 Youtube에 접속하려면 여기를 누르세요.

3. 위와 같이 나타나는 창을 누르면 영상이 유튜브에서 재생됩니다.
   (애플도 팝업창 열기를 해 주세요.)

PART VII 테니스 연습과 부상 예방법

1. 테니스 연습방법
2. 테니스를 오래하기위한 부상 예방법
3. 실전에 임하는 테린이를 위한 조언

테니스 전 준비운동에
관한 유튜브 영상

PART VII

테니스 연습과 부상 예방법

1. 테니스 연습방법

1) 따라하기 쉬운 테니스 연습방법

첫 번째로 라켓 가운데로 공을 10번 치다가 나중에는 앞·뒷면으로 바꿔가면서 칩니다.
그리고 라켓으로 공을 땅에 튕기며 연습합니다.

두 번째로 공과 친해지는 시간을 가집니다.
공에 대한 감각이나 힘 조절 방법을 배워야 합니다. 공 튕기기, 상대방이 서 있는 곳에 공 살짝 넘기기 등을 합니다. 힘 조절을 위한 훈련으로는 작고 네모난 상자 안에 넣기 연습을 합니다.

같이 칠 수 있는 비슷한 레벨의 파트너가 있다면 라인 기준으로 서로 한 번씩 주고받기를 하는 것도 좋습니다. 이때는 중간에 네트가 없어도 됩니다.

세 번째로 벽 치기 연습은 힘 조절이 된 상태에서 연습하는 것을 추천합니다.

만약 아예 힘 조절이 되지 않는다면 벽 치기보다는 스윙 연습과 스크린 치기를 추천합니다. 초보자분 같은 경우는 스크린 장비 조절을 하지 않고, 코트장 내에서 초보자용으로 맞춰져 있는 기계를 사용하는 것이 가장 좋습니다.

네 번째, 토스 연습은 천장이 뚫려 있는 곳에서 하는 것이 가장 좋습니다.

만약 벽이 있다면 벽 옆에 서서 벽을 따라 하늘로 올린다고 생각하며 연습하면 됩니다.

다섯 번째, 서브 연습 중 수건을 이용하는 것이 있습니다.

수건을 동그랗게 만들어 서브 스윙처럼 만들어서 머리 뒤에서 돌리면서 던지는 연습을 하는 겁니다. 머리 뒤통수를 쓰다듬는 느낌으로 밑으로 내려서 앞으로 던지는 연습입니다.

또한, 밑에서 위로 던지는 연습을 많이 해야 합니다.

2) 테린이를 위한 테니스 연습방법

레슨을 받는 초보자는 처음에 매우 가벼운 공을 사용합니다.

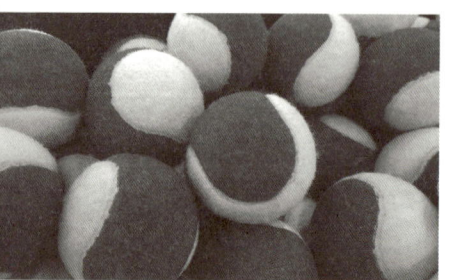

초보자에게는 오렌지볼과 레드볼을 많이 이용하는데, 손목이 약한 분이 첫 번째 레슨을 받기 전에 다칠 수 있으므로 가벼운 공으로 먼저 스윙 연습을 하게 합니다.

코치와의 연습이 끝나면 본인이 스스로 공을 놓고 치는 것을 추천합니다. 상대방이 놓아주는 것보다 본인이 놓고 쳤을 때 타점을 맞추는 것이 더 쉽기 때문입니다.

같이 하는 사람이 있다면 함께하고, 아니라면 스윙 연습을 위주로 하며 스크린을 쳐도 됩니다.

하지만 초보자끼리 연습하는 것은 잘못된 자세를 잡아줄 사람이 없으므로, 자세가 제대로 잡히기 전에는 혼자 스윙 연습을 하는 것이 가장 좋습니다.

테린이는 다음번 수업에 오기 전까지 일주일 기준으로 60번 정도 빈 스윙으로 연습을 하는 것이 좋습니다. 그리고 레슨을 받으면 그 날 배운 것을 집에서 복습만 꾸준히 해도 좋습니다.

테니스 연습과 부상 예방법

2. 테니스를 오래 하기 위한 부상 예방법

테니스 입문 후 첫 번째 시련은 스윙이 잘 안 되는 것도 있지만 대부분 부상입니다.

하지만, 정확한 스윙을 배우고 제대로 스트레칭을 하면 부상 위험이 거의 없습니다.

즉, 부상 이유의 대부분은 배웠던 스윙이 아니라 자기 자신이 만들어낸 스윙을 하거나, 게임을 위해서 틀어진 자세를 취했을 때라고 할 수 있습니다.

가장 많이 다치는 부위는 어깨, 무릎, 팔꿈치, 손목 등이며 주로 관절을 많이 다칩니다.

테니스는 헬스처럼 근육을 키우는 것이 아니라, 관절 등을 쓰는 운동이므로 항상 운동 전에 스트레칭 등으로 몸을 풀어준 뒤

에 해야 합니다.
테니스를 잘하기 위해서 요가 등 다른 운동을 하시는 것도 추천합니다.

제일 흔하게 알려진 부상은 '테니스 엘보'입니다.
라켓을 팔로만 치려고 했을 때, 너무 짧은 순간에 강하게 힘을 줘서 팔꿈치에 무리가 가는 행동을 반복적으로 하다 보면 근육과 힘줄의 손상이 유발되게 됩니다.
'테니스 엘보'가 생기면 2주 정도 휴식을 하는 것이 가장 좋습니다. 하지만 좀 더 빨리 테니스를 치고 싶다면 그 주변의 근육을 강화시키는 방법도 있습니다. 그러나 부상이 오면 가능한 쉬는 것이 좋습니다. 회복되기 전에 계속 무리하게 되면 악화되기 때문입니다.

또한, 테니스를 하다 보면 발목을 접질리는 경우가 있습니다.
사이즈에 맞는 신발을 신고, 무리하지 않고 중간중간 쉬어주는 것이 좋습니다. 또한, 보호 장비를 착용하는 것도 좋습니다.

그리고 아킬레스건에 손상이 생기는 경우도 많습니다.
스트레칭을 하지 않고 순간적인 힘을 받게 되면 아킬레스건이 끊어지므로 스트레칭이 중요합니다. 손목 같은 경우는 공이 잘못된 위치에 맞았을때 충격으로 다치곤 하지만, 아킬레스건은 스트레칭을 하지 않았을 때 다치는 것입니다.

간혹, 종아리 근육이 파열되는 경우도 있는데, 이 또한 무리하게 테니스를 치거나 스트레칭이 제대로 되지않아 생기는 부상입니다.
운동을 하기 전에는 항상 충분히 스트레칭을 해야 합니다.

부상방지를 위해서는 운동을 안 하다가 갑자기 과도하게 하거나 단시간에 너무 많이 하는 것도 좋지 않습니다.
체력적으로 무리가 가지 않는다면 2~3시간 동안 하는 것도 괜찮지만, 많이 힘들다면 1시간 정도만 게임을 하는 것도 좋습니다.

기본적으로 부상 방지를 위해서 가장 중요한 것은 본인의 능력 이상으로 과도하게 하지 않는 것입니다.
자신의 능력 이상으로 많은 힘을 쓰게 되면 어떤 형태로든 부상이 생기게 되므로 테니스를 꾸준히 즐기기 위해서는 적당한 강도로 여러 번 하는 것이 좋습니다.

테니스 전 준비운동에
관한 유튜브 영상

다운더라인
@downtheline_tennis
테린이에 의한 알기 쉬운 테니스 레슨 코칭
구독

QR코드 사용방법

 →  → 웹페이지
브라우저에서 Youtube에
접속하려면 여기를 누르세요.

1. 기본 카메라 앱을
열어주세요.
(애플/안드로이드 동일)

2. 화면에 맞춰 사진을
찍는 것처럼 QR코드를
화면 중앙에 배치합니다.

3. 위와 같이 나타나는 창을
누르면 영상이 유튜브에
서 재생됩니다.
(애플도 팝업창 열기를 해 주세요.)

3. 실전에 임하는 테린이를 위한 조언

1) 일단 공을 무서워하면 안 되고, 내가 배운 것을 최대한 활용하는 것이 중요합니다.

경기에서는 연습한 게 나오지 않는 경우가 많으므로, 항상 치기 전에 생각하고 치는 것이 중요합니다.

게임을 할 때 한 가지 목표를 정해서 이번에는 그것 하나만 이룬다는 생각을 가지고 하면 좋습니다.

2) 세트를 시작할 때 정한 위치는 세트가 끝날 때까지 계속됩니다.

포(fore)에 위치한 사람은 계속 포(fore) 위치가 되는데 테린이들은 그설 잘 몰라 중간에 우왕좌왕하십니다. 그래서 게임을 시작하기 전에 파트너랑 누가 포(fore) 위치에서 할 건지 누가 백(back) 위치에서 할 건지 정한 다음에 그 게임이 끝날 때까지는 같은 자리에 계속 지켜야 합니다. 세트가 끝나고 나서는 위치를 바꿔도 상관없습니다.

3) 서브를 하는 방법도 테린이는 헷갈리는 경우가 많습니다.

서브를 넣는 사람은 포(fore) 위치에서 시작하고, 다음 서브는 백(back)

위치에서 합니다. 서브를 넣는 같은팀 동료는 서브를 넣는 사람과 반대 방향에 위치합니다.

4) 실전에 나가면 게임을 이겨야겠다는 생각을 하는 테린이가 많은데, 이기는 것이 중요한 게 아니라 테니스를 즐기는 것이 중요합니다.

시합이나 다른 사람과 게임을 할 때 부담을 가지지 않는 것이 필요합니다. 즐기는 마음으로 상대방과 함께 쳐보는 경험이 정말 중요합니다.

그리고 실전에서 테린이하고 같이 치는 분에게 고마운 마음을 가질 필요가 있습니다. 테린이 입장에서는 배울 수 있는 기회를 얻는 것이기 때문입니다. 그러므로 감사한 마음을 가지고 고마움을 표현하는 것이 테린이에게 필요한 자세입니다.

또한, 테린이는 배운다는 마음으로, 겸손한 마음으로, 예의 바르게 하는 것이 중요하며, 테니스 매너와 테니스 룰을 숙지하고 하는 것이 필요합니다. 그리고 게임에서 사용할 공은 직접 준비하는 것도 좋습니다.

5) 마지막으로 중요한 것은 부상 방지입니다.

다치지 않고 테니스를 오래 하기 위해서는 너무 무리하지 않아야 합니다. 의욕이 너무 과한 것도 좋지 않습니다. 행동이 과해져서 오히려 실수를 저지를 수 있기 때문입니다.

거듭 말씀드리지만, 실전 경기에 임할 때는 공을 무서워하지 않고 자신의 스윙을 최대한 한다고 생각하며 게임을 즐기는 것이 좋습니다.

테린이들은 공을 무서워하지 않는 것이 가장 중요합니다.

점수를 계산하는 기본적인 방법은 알아두어야 합니다.

테니스는 점수를 부르는 호칭이 독특합니다.
0(love), 15(fifteen), 30(thirty), 40(forty), game으로 4포인트를 따면 이기게 되고 이것을 한 게임이라 합니다.
40:40는 듀스이며, 이 때는 2포인트 차가 나야 합니다. 이 때 듀스없이 다음 1포인트로 게임을 끝내는 것을 노애드(no advantage)라 합니다.

4포인트를 따면 한게임이 되고, 6게임을 먼저 이기면 1세트가 됩니다.
게임스코어가 6:6이면 게임 듀스이며 역시 2게임 차이가 나야 하는데 이 때도 다음 한게임으로 경기를 끝내는 것을 타이 브레이크(tie break)라 합니다.

테니스 경기에서 다음과 같은 경우 상대 선수가 1포인트를 얻습니다.
  1) 서브를 할 때 두 번 연속 폴트를 범하여 더블 폴트가 된 경우
  2) 상대의 서브를 1회 바운드 시킨 후 넘기지 못한 경우
  3) 공이 두 번 이상 바운드되기 전에 쳐서 넘기지 못한 경우
  4) 친 공이 네트에 걸리거나 상대방 코트에 들어가지 못한 경우

5) 공을 칠 때 공이 두 번 이상 라켓에 맞거나 몸 혹은 옷에 닿았을 경우

테린이분께서 자주 헷갈리는 것이 듀스(deuce)가 됐을 때의 상황입니다.
선수는 경기할 때 듀스(deuce)가 되면 어드밴티지(advantage)가 있지만, 아마추어는 노 어드밴티지(no advantage, 줄임말로 노애드)라는 것이 있습니다. 이건 듀스(deuce)가 되었을때 한 포인트만 하고 끝내는 제도로서, 아마추어분을 위해 빨리 끝낼 수 있도록 만들어진 것입니다.

노애드(no advantage)로 진행할 때는 공을 받는 쪽이 누가 받을 것인지를 정해서 한 포인트만 하면 됩니다.
즉, 40 대 40 듀스(deuce)가 됐을 때 노애드(no advantage) 포인트가 되면 상대방이 누가 공을 받을지 정해서 경기합니다.
포(fore)에 서 있는 사람이 받을지, 백(back)에 서 있는 사람이 받을지를 리시브(receive)가 정하고, 서브를 하는 사람이 상대방이 원하는 방향으로 넣어서 그 한 포인트로 경기가 끝나는 겁니다.

그리고 테린이들은 타이 브레이크(tie break) 게임 개념을 제대로 알아두는 것도 좋습니다.

게임 스코어가 6 대 6이 되었을 때, 타이 브레이크(tie break)라고 해서 한게임만 더해서 세트를 끝내는 제도입니다.

타이 브레이크(tie break) 게임 진행은 첫 번째 사람이 서브를 한 번 넣는데, 이때는 포(fore) 방향에서 넣습니다. 그리고 난 후 상대방한테 서브권을 넘겨주며 그 이후는 서브를 두 번씩 넣습니다. 이때는 백(back) 방향부터 넣고 두번째는 포(fore) 방향에서 넣습니다.

그리고 양팀 포인트 합이 6포인트가 되면 코트 체인지를 합니다.

타이 브레이크(tie break) 게임에서는 어느 팀이든 7점을 먼저 획득하면 승리합니다.

단, 타이 브레이크(tie break) 게임에서는 듀스(deuce)가 인정됩니다. (2점 차가 나야 승부가 결정됩니다. 그리고 타이 브레이크(tie break) 때는 맨 처음 서브를 시작했던 팀이 서브를 먼저 시작하면 됩니다.)

별책부록

테린이의 테니스 입문기

1. 테린이 인터뷰 1
2. 테린이 인터뷰 2
3. 테린이 인터뷰 3

tennis

 별책부록

테린이의 테니스 입문기

1. 테린이 인터뷰 1

Q1 테니스를 어떻게 시작하게 되었나요?

2005년에 캐나다인 친구가 테니스 치자고 하면서 라켓을 빌려주었어요. 그때는 테니스 코트를 갈 생각도 못했었구요. 탄천 다리밑에서 벽치기를 하면서 놀았습니다. 처음 레슨을 받은 것은 2016년 즈음이었던 것 같아요. 남편과 일요일 아침마다 한시간씩 레슨을 받았는데, 체력적으로 너무 힘들었지만 재미있었어요. 하지만, 일주일에 한 번씩 레슨을 받는 것으로는 실력이 별로 늘지는 않았습니다. 그래도 꾸준히 레슨을 받아서 포핸드, 백핸드, 발리, 스매싱 정도까지는 이론적으로 배워둔 것이 그나마 지금까지 테니스를 계속 칠 수 있는 힘이 되었습니다.

Q2 테니스를 좋아하는 이유는 무엇인가요?

테니스를 배우면서 제일 좋았던 것은 야외 코트에서 사계절을 온몸으로 느끼면서 운동한 것입니다. 갑자기 소나기가 쏟아지기도 하고, 손이 꽁꽁 얼만큼 추운날 패딩을 입고 치기도 했구요. 선선한 여름날 저녁과, 가을 오후를 만끽할 수 있었던 기억들이 여전히 테니스를 좋아하는 이유입니다.

또, 가족들과 함께 할 수 있는 운동이어서 좋아하는 것도 있습니다. 아들과 남편은 저보다는 급성장하였지만, 여전히 함께 테니스치는 것을 좋아합니다. 제가 실력이 안늘어 힘들어 할때마다 남편이 저에게 이렇게 말하였습니다. "나이가 들어서까지 할 수 있는 운동이니까, 더 나이가 들면 잘하게 될거니까 걱정마." 그 말 때문에 최소한 포기는 하지 않고 여기까지 온 것 같습니다.

Q3 테니스 하는데 어려움은 없는가요?

코트를 대관하는게 너무 어렵고, 기존 테니스 동호회에 가입하는 게 너무 어렵습니다. 초보자가 레슨을 받았다고 해서 바로 게임을 해보기가 어렵고, 동호회 분들은 구력이 상당해서 초보자에 대한 텃세가 너무 심하더라구요. 그런 것들이 테니스에 입문하기에 어려운 장벽이 되는 것 같습니다. 쉽게 연습할 만한 환경이 안되기 때문에, 실력이 빨리 늘지도 않구요. 테니스는 진짜 오랜 시간이 걸리는 운동인 것 같습니다.

Q4 테니스의 기술적인 측면에서 가장 힘든 점이 있다면 무엇인가요?

저는 테니스의 기술적인 측면을 논할만큼, 테니스를 잘 치지는 못하지만 백핸드가 진짜 어렵습니다. 왼팔이 뻗어지지가 않아요. 레슨을 하거나 1:1 랠리를 할 때에는 준비를 하고 칠 수 있지만, 게임할 때는 제 왼쪽으로 공이 오는 것 자체를 부담스러워 하는 것 같아요. 물론 이 모든 것이 연습의 부족 때문이라고 늘 반성합니다.

Q5 테니스를 하면서 뭔가 달라진 점이 있다면 무엇인가요?

워낙 운동신경이 둔해서, 운동에 재미를 느끼기가 쉽지 않았어요. 예전에 테니스를 배워 두었던 것이 참 잘했다고 뿌듯할 때가 있어요. 지금은 바빠서 못하더라도, 나중에 시간이 생긴다면 테니스를 할 수 있는게 큰 도움이 될 것 같아요.

아직은 제 스스로 뭔가 달라진 것을 느낄만큼 잘하는 것은 아닌것 같지만, 아들의 성장을 보는 것은 참 흥미롭더군요. 레슨 받기가 싫어서 포핸드, 백핸드도 엉망진창이던 아이가, 스스로 깨닫고 배워가는 것을 보는 게 큰 기쁨입니다.

Q6 다른 운동에 비해 테니스의 장점은 무엇이라고 생각하는가요?

가족들이 다같이 할 수 있는 운동인 것과 나이가 들어서도 큰 부상없이 할 수 있는 운동인게 가장 큰 장점인 것 같습니다.

Q7 평소 테니스에 관련된 책이나 영상을 보시는가요? 도움이 얼마나 되나요?

평소에는 잘 보는 편은 아니지만, '다운더라인'의 영상이 올라오면 시청합니다. 개인적으로 초보에게 큰 도움이 되는 영상이라고 생각합니다. 책을 본 적은 없고, 어렸을때 '해피'라는 일본 테니스 만화를 정독했는데, 실은 이게 테니스의 이해에 큰 도움이 되었습니다.

Q8 이우 테니스 동호회에 참석하시는 이유는 무엇인가요?

이우 테니스 동호회가 없었다면, 사실 계속 테니스를 칠 수 있지 않았을 것 같습니다. 바쁘다는 핑계로 나중에 할 버킷 리스트 정도로 남아있었겠지요. 이우 테니스에서 계속 대관을 시도하고, 일주일에 한번이라도 게임을 할 수 있기 때문에 계속 테니스를 칠 수 있는 것 같습니다. 또, 동호회가 가족단위 모임이고, 좋아하는 사람들이 많아서 즐겁습니다.

Q9 다른 사람들에게 테니스를 추천하시는가요? 그 이유는 무엇인가요?

테니스는 꼭 레슨을 받아야 시작할 수 있는 운동중의 하나이기 때문에 중년의 엄마들은 시작할 엄두를 못내시더라구요. 힘들어도 꼭 시작하라고 추천합니다. 이유는 60대에도 국화부 우승을 노릴 수 있을지도 모르잖아요. (웃음) 우승을 못하더라도, 즐겁게 즐길 수 있는 운동이라고 생각합니다.

Q10 다른 테린이에게 조언을 하자면 어떤 이야기를 하고 싶은가요?

마음 맞는 사람들과 동호회에 가입하던지, 동호회를 만들어서 계속 함께 연습하고, 게임하는 시간을 꼭 가지라고 조언하고 싶습니다. 못해도 기죽지 말고, 친절한 사람들과 꾸준히 연습하고, 그 과정을 즐기라고 말씀 드리고 싶어요! '다운더라인'도 꼭 시청하시고요!

별책부록

테린이의 테니스 입문기

2. 테린이 인터뷰 2

Q1 테니스를 어떻게 시작하게 되었나요?

30대 후반까지 좋아했던 운동은 농구였습니다. 하지만 잦은 발목 부상으로 인해 예전만큼 즐기지 못하게 되었고, 주변에 함께하던 친구들도 하나둘 농구대신 다른 운동을 찾아갔습니다. 그래도 저는 꾸역꾸역 농구를 계속했지만 예전만큼 플레이 하지 못하는 것과 낯선 사람들과 팀을 이뤄 얕은 호흡으로 게임하는 부분에서 점점 스트레스 받으며 집에 오는 일이 잦았고 그렇게 2~3년을 보낸 것 같습니다.

어느날 자주가던 건물 2층에 실내 테니스장이 있는 것을 발견하였습니다. 테니스는 할 줄은 몰랐지만 아내와 신혼때부터 TV로 경기를 즐겨보며 관심이 있던 운동이었습니다. 가족과 함께하는 운동을 시작하면 좋겠다 생각하여 아내와 들러봤고, 새로운 운동에 호기심이 동해 아내와 함께 시작하게 되었습니다.

Q2 테니스를 좋아하는 이유는 무엇인가요?

첫째, 성인이 되어 새로운 것을 오래 하다보니 참 즐겁습니다. 이건 꼭 테니스가 아니어도 마찬가지였을 것 같아요.
둘째, 커다란 코트가 주는 상쾌함이 있습니다. 공이 잘 맞았을 때 온 몸에 전해지는 감촉도 참 좋습니다.
셋째, 가족이 함께 할 수 있는 운동입니다. 어른과 아이가, 때로는 다른 가족과도 함께 즐길 수 있는 운동이라서 좋습니다.

Q3 테니스 하는데 어려움은 없는가요?

몇가지가 있는데 첫째, 실력 향상이 참 더딘 것 같습니다. 참 실력 향상이 늦습니다. 포핸드가 잘된다 싶으면 백핸드가 안되고, 발리가 잘 된다 싶으면 다시 포핸드가 안되고. 3년쯤 치다보니 처음에 했던 발리는 그냥 갖다 맞춘거였고. 레스 받을 때 잘 치는 사람들을 보면 부럽다가도 '아니 저 실력에도 레슨을 계속 받아야 되는건가?'하는 생각이 듭니다.
둘째, 레슨비가 많이 듭니다. 이건 첫째와 연결되는데요. 무언가를 할 때 이렇게까지 꾸준히 돈을 내가며 배운 것은 테니스가 처음인 것 같습니다. 문제는 아직도 실력이 미천하다는 거죠. 저는 가족이 모두 테니스를 배우는데요(아이들은 방학에만) 레슨비가 어느정도 나갈지 짐작이 가시죠?

셋째, 코트 잡기가 너무 힘듭니다. 저는 이게 제일 큰 문제라고 생각하는데요. 점점 코트잡기가 더 힘들어지는 것 같습니다. 테니스를 치고 싶을 때 삼삼오오 모여 칠 수 있으면 좋겠는데 그러기가 참 어렵습니다. 저는 가족과 같이 안 칠 때는 새벽 6시~8시에 주로 칩니다. 그런데 선착순으로 치는 곳은 새벽 5시, 요즘은 새벽 4시부터 줄을 서 있는다고 합니다. '이렇게까지 쳐야 되나?'하는 생각이 자주 듭니다.

Q4 테니스의 기술적인 측면에서 가장 힘든 점이 있다면 무엇인가요?

사람마다 테니스 치는 스타일이 참 다른 것 같습니다. 즉, 자신만의 스타일이 있는데 아직 자신감이 없다보니 그저 다른 사람들의 샷을 부러워할 때가 많습니다. 그런데 자칫 잘못하면 내 폼이 무너지고, 때로는 부상을 입기도 하는 것 같습니다. 저는 강한 샷을 구사하지는 못하는데요. 옆 코트에서 '뻥 뻥' 때리는 걸 보면 무척 부럽습니다.

Q5 테니스를 하면서 뭔가 달라진 점이 있다면 무엇인가요?

성인이 되어 새로운 것을 시작하였고, 오래 하다보니 새로운 취미가 생긴 것이 참 좋습니다. 그래서인지 평소 옷차림이 운동복 차림으로 바뀌었습니다. 그리고 늘 아이들 위주로 물건을 샀는데 저를 위해 이것저것 사는 게 있어서 그것도 좋습니다. 그리고 저희 가족은 모두 테니스를 치다보니 가족간 대화도 늘었습니다. 시간이 흘러도 가족이 함께 테니스장을 찾아 게임하면 참 즐거울 것 같아요.

Q6 다른 운동에 비해 테니스의 장점은 무엇이라고 생각하는가요?

네트 운동이다보니 몸싸움으로 인한 부상의 염려가 적은게 저는 무엇보다 좋습니다.
그리고 실력 향상이 더디다보니 조금씩 실력이 늘 때 주는 쾌감도 그만큼 큽니다.
또한, 가족이 함께 할 수 있는 운동입니다.
마지막으로, 나이 들어서까지 오래 즐길 수 있는 운동이라는 생각이 듭니다.

Q7 평소 테니스에 관련된 책이나 영상을 보시는가요? 도움이 얼마나 되나요?

예전에는 많이 봤는데 요즘은 잘 안봅니다. 전 레슨받는게 더 많은 도움이 되는 것 같습니다.
그리고 자료도 좋지만 실전 경험도 그에 못지않게 중요한 것 같습니다.

Q8 이우 테니스 동호회에 참석하시는 이유는 무엇인가요?

가족이 함께 모여 테니스를 치다보니 따뜻합니다. 가족끼리만 치면 싸움납니다.(웃음)
어른들은 어른들끼리, 아이들은 아이들끼리 시간을 보내지 않고, 함께 어우러지는 것이 좋습니다.
아이들이 어른들과 함께 테니스 경기하기가 어려운데, 함께하며 실력이 조금씩 향상되는 것을 보는 재미가 있습니다.

Q9 다른 사람들에게 테니스를 추천하시는가요? 그 이유는 무엇인가요?

사람은 자신이 경험한 것을 바탕으로 이야기 할 수밖에 없기만 저는 추천합니다. 테니스는 무척 재밌습니다. 두근두근거리기도 하고요. 때로는 자책도 심하게 하죠. 인생과 닮았다는 생각을 많이 합니다. 길게 봐야죠.

Q10 다른 테린이에게 조언을 하자면 어떤 이야기를 하고 싶은가요?

첫째, 세상에는 많은 운동이 있습니다. 테니스 열풍이라고 하는데 어떤 운동이든 꾸준히 하다보면 다 재밌습니다. 자신에게 맞는 운동을 찾는 게 제일 좋겠죠. 그렇지만 뭔가를 즐기려면 꽤 오랜 시간 노력을 들여야 할 것입니다.

둘째, 친구, 가족과 함께 하세요. 테니스 하는 목적을 실력 향상에만 두는 분이 많이 보이는데 물론 그것도 가치 있겠지만 그만큼 경지에 이르려면 정말 많은 시간을 들여야 할 것입니다. 주변의 소중한 사람들과 함께한다면 더 의미있지 않을까요?

별책부록

테린이의 테니스 입문기

3. 테린이 인터뷰 3

Q1 테니스를 시작하게 된 이유가 무엇인가요?

테니스는 제가 의과대학 시절부터 꿈꾸던 운동이었습니다. 지금은 꽤 보편적인 운동이 되었지만, 90년대만 해도 테니스는 '고급 운동'이었습니다. 할 수 있는 장소도, 하는 사람도 적었습니다. 그런데 제가 존경하던 교수님께서 테니스를 치셨습니다. 많은 교수님께서 골프를 주로 치셨는데, 그분은 테니스를 즐겨 하셨습니다. 그 교수님께서 진료를 마친 뒤 병원 근처에 있는 테니스장에서 가볍게 한두 시간 정도 운동하시는 모습을 보며 '나도 언젠가는 저 교수님처럼 테니스를 치고 싶다.'라는 생각을 하게 되었습니다.

그러다 제가 제주도에서 7년을 살게 되었는데, 그때 드디어 테니스에 입문하게 되었습니다. 제주도는 워낙 골프장이 많아서 다들 제가 제주도에서 골프를 많이 쳤을 거라고 생각하시는데, 실제로 저는 테니스장에 훨씬 더 많이 갔습니다.

그때 저는 다른 운동보다 테니스가 너무 좋은 운동이라는 것을 알게 되었습니다. 테니스는 접근성이 좋고, 비용도 적은 편이고, 시간도 오래 걸리지 않습니다. 정말 장점이 많은 운동입니다.

Q2 테니스를 좋아하시는 이유가 무엇인가요?

테니스는 여러 장점이 있습니다.

첫 번째, 테니스는 진정한 운동입니다. 운동량이 상당히 많고, 다른 운동과 달리 칼로리 소비량이 매우 큽니다. 그래서 건강에도 좋고, 다이어트에도 좋은 '진정한 운동'이라고 생각합니다.

두 번째, 테니스는 남녀노소 모두가 가능한 운동입니다. 저는 가족과 함께 테니스를 쳤는데 정말 좋았습니다. 잘하고 못하고를 떠나서 가족들과 운동을 한다는 것 자체가 제게는 정말 좋은 시간이었습니다.

세 번째, 테니스는 비용이 그렇게 많이 들지 않습니다. 테니스 라켓이 있고, 테니스 코트를 대여하면 얼마든지 쉽게 시작할 수 있는 운동입니다. 그리고 최근에는 테니스를 배울 수 있는 곳이 많아져서 더욱 접근성이 좋아졌습니다. 골프는 비용도 비싸고, 골프장에 가서 하는 거라 예약도 힘들고, 최소인원이 3~4명이므로 조건이 까다롭습니다. 하지만 테니스는 사설 코트를 대여해도 1시간에 3~4만 원 정도(공공기관에서 운영하는 것은 매우 저렴)이므로 경제적인 부담이 적습니다.

Q3 테니스를 배울 때 어려운 점은 무엇인가요?

테니스는 배우는 것이 다소 어려운 운동입니다. 그리고 잘하는 수준에 도달하기 위해서는 꽤 많은 시간을 투자해야 합니다. 저는 다양한 운동을 제법 하는 편인데, 테니스만큼 어려운 운동은 없다고 생각합니다. 긴 시간을 배워도 웬만한 수준에 도달하는 것이 참 어려웠습니다.

그리고 두 번째는 '부상 위험'입니다. 다른 운동과 달리 테니스는 운동량이 제법 되다 보니 '테니스 엘보'라고 하는 팔꿈치 부상이 있을 수 있고, 종아리 부상이나 허리와 무릎 부상으로 고생하는 분이 종종 있습니다. 그래서 초반에 재미를 붙였다가도 부상 때문에 그만두는 경우가 많은 것이 테니스의 힘든 점이라고 생각합니다.

Q4 기술적인 측면에서 힘든 점이 있다면 무엇인가요?

테니스 수준에 따라 대답이 달라집니다.

소위 '테린이'라고 하는 초보자는 '포핸드'가 제일 어렵습니다. 공을 넘기는 것 자체가 생각보다 쉽지 않기 때문입니다. 왜냐하면, 테니스는 움직이는 공을 치기 때문입니다. 골프 같은 운동은 정지된 공을 치므로 본인이 자세만 잘 잡고 스윙궤도만 맞는다면 일단 공을 맞힐 수는 있습니다. 하지만 '테린이'는 움직이는 공을 맞추는 것이 참 쉽지 않습니다. 공과의 거리도 잘 조절해야 하고, 공이 다가오는 속도에 따라 내가 하는 스윙의 속도도 변화시켜야 하기 때문입니다.

어느 정도 랠리가 가능한 중급자에게는 '백핸드'가 어렵습니다. 평소에는 잘 사용하지 않는 왼손(오른손잡이 기준)을 사용해야하기에 백핸드 쪽으로 공이 오면 두려워하기도 하고, 넘기는 데 급급한 스윙을 하게 됩니다.

마지막으로 실력이 늘어 테니스에 재미를 느낄 때쯤에는 '서브'에 대해 고민하게 됩니다. 중급자 이상의 경기에서는 서브에서 승패가 갈린다고 해도 과언이 아니기 때문입니다. 강력한 서브를 넣고, 실수 없이 서브를 넣는 능력이 게임의 승패를 결정짓는 핵심이라고 할 수 있습니다.

물론 테니스 아마추어는 이 세 가지 기술 말고도 '발리'도 신경 써야 합니다.

Q5 테니스를 하면서 달라진 점이 있다면 무엇인가요?

제 인생은 '테니스를 시작하기 전과 후'로 나눌 수 있다고 생각합니다. 테니스는 정말 재밌는 운동입니다. 저는 가족과 함께 테니스를 하므로 가족과 함께할 수 있는 시간이 더 많아졌습니다. 그리고 같은 취미를 공유한다는 것은 화목한 가정으로 가는 지름길이라고 생각합니다.

두 번째로 달라진 점은 제가 건강을 챙길 수 있는 운동을 꾸준히 할 수 있다는 것입니다. 테니스는 20분만 레슨을 받아도 땀이 날 만큼 운동량이 상당합니다. 그리고 한두 게임만 해도 건강에 매우 큰 도움이 됩니다.

Q6 다른 운동과 비교했을 때, 테니스의 장점은 무엇인가요?

첫 번째, 운동량이 많습니다.
두 번째, 접근성이 좋아 쉽게 테니스를 접할 수 있습니다.
세 번째, 가성비가 좋습니다.
네 번째, 남녀노소 누구나 함께 어울려 할 수 있습니다.
다섯 번째, 배우기는 어렵지만 시작은 쉽다는 것입니다. 테니스는 잘 치기는 어려워도 방법을 알면 같이 게임을 쉽게 시작할 수 있습니다.

Q7 테니스에 관련된 책이나 영상을 보시나요?

네. 책과 영상은 상당히 많은 도움이 됩니다. 저는 모든 운동을 책을 통해 이론을 습득하고 난 뒤 실전으로 배우는 편입니다. 책과 영상을 통해 얻는 기본적인 이론과 경험자의 조언은 큰 도움이 됩니다.
물론 '운동은 보는 것이 아니라 하는 것'이므로 직접 해 봐야 제대로 할 수 있는 것이지만, 테니스에 입문을 한 뒤 실력을 높이려면 고수의 조언이나 영상 또는 정리된 내용의 책이 큰 도움이 된다고 생각합니다.

Q8 테니스 동호회에 참여하는 이유는 무엇인가요?

물론 실력이 좋아서 참여하는 것은 아닙니다. 실전을 통해서 실력이 향상되므로 기본적인 스윙을 익히고 3~6개월 정도 하신 분이라면 반드시 동호회에 참석해서 실제 경기를 해보는 것이 중요합니다.
왜냐하면, 실제 경기를 해봐야 자신이 무엇이 부족한지를 알 수 있고, 실력이 업그레이드되기 때문입니다. 테니스에 대한 흥미도 당연히 높아집니다.
그리고 기회가 되면 실제 테니스 대회에도 참여하는 것을 권장합니다. 참가에 의미를 두고 참여해 보시면 큰 도움이 될 것이라고 확신합니다.

Q9 다른 사람에게 테니스를 권하는 이유는 무엇인가요?

인생에서 운동 하나쯤은 취미로 있는 것이 좋습니다.
저는 그 취미가 테니스가 되기를 추천합니다. 테니스는 장점이 참 많습니다. 특히 저는 자녀와 함께 테니스를 즐기기를 강력 추천 드립니다.

Q10 테린이를 위해 조언을 하신다면?

저는 이론적인 준비를 먼저 하는 것을 추천합니다. 운동이라는 것이 하다 보면 실력이 늘 수 있는 것이긴 하지만, 제 경험상 이론이 뒷받침되면 실력이 정말 빨리 향상됩니다. 사실 테린이를 보면 똑같은 실수를 계속 반복하는데, 무엇이 잘못되었고 어떻게 하면 고쳐지는지를 이론적으로 습득하면 빨리 실력이 늘 수 있습니다.
두 번째, 꼭 레슨을 받길 바랍니다. 테니스를 독학으로 배우는 분도 있지만, 확률적으로는 레슨을 받는 것이 훨씬 유리하고 훨씬 빨리 실력을 향상시킬 수 있습니다. 물론 레슨을 받는 건 비용적으로 조금 부담이 되긴 합니다. 그래도 저는 전문가의 코치를 받아서 자세를 확실히 교정하는 것이 중요하다고 생각합니다.
마지막으로 부상을 조심하라는 겁니다. 대부분 부상은 잘못된 자세로 연습하거나 과격하게 하는 것이 원인입니다. 그리고 팔꿈치 부상도 참 많습니다. 팔꿈치는 잘못된 그립 또는 잘못된 스윙 자세 때문에 오는 경우가 많습니다. 그러므로 처음에 배울 때 제대로 배워서 부상을 방지하는 것이 좋습니다.

참고도서

- 테니스의 타법과 전략 – 美.테니스매거진지. 역자: 정선태 외. 일신서적출판사

- 실전 테니스 – 편집부. 삼호미디어

- 단식테니스 – 찬스 볼을 만드는 방법과 그 결정법 – 삼호미디어.

- 테니스 전술 교과서 – 조코비치, 나달, 페더러, 최고의 선수를 보고 배우는
  테니스 승리의 비법– 호리우치 쇼이치. 역자: 이정미. 보누스.

- 주말에 배우는 테니스 – 폰 더글라스. 하서출판사

- 인스턴트 테니스 레슨 – 테니스 매거진 저. 역자: 일신스포츠편. 일신서적출판사

- 상급자로 가는 테니스 핵심 테크닉 – Tennis Korea. 미디어윌M&B

- THE WISDOM FOR YOUR TENNIS 당신의 테니스를 바꿔 줄 레전드의 명언
  테니스 코리아. 역자: 백승원. 테니스코리아

- New 뉴 테니스 교본 – 가미야 가쓰노리. 역자: 김수연. 삼호미디어

테린이를 위한
알기쉬운 테니스

1판 1쇄 인쇄 | 2024년 6월 15일
1판 1쇄 발행 | 2024년 6월 15일

저　자 | 이성근
감　수 | 하희라
펴낸이 | 페이지원 단행본팀
펴낸곳 | 페이지원
주　소 | 서울시 성동구 성수이로 18길31
전　화 | 02-462-0400
E-mail | thepinkribbon@naver.com

ISBN 979-11-93592-05-2

값 20,000원

이 책은 저작권법에 따라 의해 보호를 받는 저작물이므로
어떠한 형태로든 무단 전재와 무단 복제를 금합니다.